RATIONALITY

中国から考える合理性

中国を深く知るための8の論考

河村昌子／中嶋 諒 [編著]

東方書店

まえがき

　本書は、2018年に東方書店より刊行された『国際未来社会を中国から考える』の続編にあたるものです。タイトルは『中国から考える合理性——中国を深く知るための8の論考』としましたが、この「合理性」ということばは、明海大学の創立者、宮田慶三郎による「建学の精神」に見えるものです。

　宮田慶三郎は、「建学の精神」において、「社会性・創造性・合理性を身につけ、広く国際未来社会で活躍し得る有為な人材の育成をめざす」と述べ、「社会性」「創造性」「合理性」の3つの柱を掲げました。さらに「合理性」については、「高度情報化社会を迎え、情報量は増大し、情報なくして個々の人間は、自己の意思決定すら出来ない感を呈しています。科学技術の発達は、人々の生活様式を変え、価値観にも大きな影響を及ぼすことから、科学技術の独り歩きは許されるところではありません。従って、科学技術のコントロールの完全を期するとともに人間性の発揚に心がけ、未来社会を切り拓く信念が重要となります。このため、合理性ある教育研究の場を醸成します」と説明しています。

　明海大学は、2020年に創立50周年をむかえました。宮田慶三郎が「建学の精神」を掲げて以来、インターネットの開発、普及など、科学技術の進歩、情報化社会の発展は目を見張るものがあります。これは隣国中国においても例外ではなく、むしろ我が国よりも急速に進展しているといえるでしょう。2010年、中国の国内総生産（GDP）が、ついに我が国を上回り、40年以上にわたって保たれてきた世界第2位の経済大国の地位が、日本から中国に明け渡されたことは、周知のとおりです。

　さて中国は古来、広大な国土と膨大な人口を抱え、常に合理的に国家をまとめることが求められてきたといえます。

　例えば紀元前2世紀、漢の武帝の時代には、漢王朝ははるか西方の中央アジアにまで領土を広げました。また13世紀のはじめ頃には、中国全土（宋王

朝、および金王朝）の人口は、ついに1億人を超えたとされています。このような時代背景のもと、例えば漢王朝は、皇帝が任命した役人によって地方を統治させる中央集権体制の実現を目指しました。また宋王朝は科挙という官吏登用試験を徹底して、才能ある人材を皇帝の名のもとに選別しました。これらはまさしく、巨大な国家を統治するための合理的なシステムとして機能していました。

　またこのような合理的なシステムは、目ざましい経済発展を遂げて、世界を牽引する大国へと成長した現代中国においても見られるものでしょう。もちろん貧富の格差や、少数民族にかかわる人権問題、深刻な環境汚染など、現代中国の抱える課題は数多くありますが、このような中国の合理的なシステムを、その是非も含めて考察することは、いま私たちが直面する高度情報化社会において、いかに有益なデータを取り入れ、理解するかという「合理性」を身につけることにもつながるのではないでしょうか。

　本書は、このような観点から、明海大学外国語学部中国語学科の専任教員7名が、古代から現代に至るまで、それぞれの専門領域の最新の研究成果を踏まえて、中国人がいかなる「合理性」をもって、ものごとを判断してきたかということを総合的に検討しました。

　なお前述のとおり、本書は『国際未来社会を中国から考える』の続編にあたるものです。前作と同様に、執筆者はすべて明海大学外国語学部中国語学科に所属する教員で、そのそれぞれが、新たな論考を書き下ろしました。ただしその際には、個別の研究領域にとどまらず、常に学際的な場としてのまとまりを意識して書くことに努めました。また文体を「です、ます調」に統一するとともに、専門的な用語については、前後の文中において説明を挿入するなど、なるべく分かりやすくなるよう工夫を凝らしました。その結果、高い学術性を有しながらも、読みやすい流れが生まれたと感じています。

　また前回の刊行以後、3名の新任教員を加えて、前作とは異なる視点から中国学の将来像を描くとともに、コロナ禍における中国の文学活動について

論究するなど、最新の中国の動向にも目を向けることで、前作との差異化を図りました。したがって前作の読者にとっても、刺激のある内容となっています。またもちろん前作をお読みでない方も、お楽しみいただけることと思います。

　本書をもとに、中国における「合理性」を理解し、さらに私たちがいかに合理的に生きていくかについて、深く考えるきっかけとなれば、編者としてこれほど幸せなことはありません。

2022年12月15日

編者

中国から考える合理性——中国を深く知るための8の論考
目次

第3章　語学、通訳の現場からみた合理性

第4章　過去から現在、そして未来へ

第1章

中国における合理性とは何か

中国における合理性と経済発展

髙田　誠

はじめに

　現在、中国の存在を抜きに世界情勢を語ることはできません。政治、安全保障、環境、技術などさまざまな分野で中国は話題の中心になっていますし、GDP世界第2位というよく知られた事実を見れば、その存在感は圧倒的であると言っても過言ではありません。

　他方で多くの先進国、特に民主主義国から見れば、中国が異質に映る場合も少なくありません。共産党の一党支配による権威主義体制ということから、情報や政策へのバイアスが生じ、その実像を理解することが容易ではないからです。

　どの国もそれぞれの文化的背景を持ち、歴史的な経路に依存しながら変容を重ねてきました。中国も同様に長い歴史の中で独自の様式を見出し、それが今日の体制や政策に影響を及ぼしていると考える方が自然です。中国における合理性とは何なのか、そしてそれがどのように現在の中国に反映されているのかを探ることは、これからの中国を読み解くうえでも意味のあることです。本稿では、中国の経済発展のプロセスを中国的合理性の立場から整理し、そこに通底している要素を明らかにしていきたいと思います。

Ⅰ　「合理性」への2つの解釈

1.　目的合理性と手続き合理性

　中国の経済発展を「合理性」という観点から見ると、2つの観点が存在することに気が付きます。それは目的合理性と手続き合理性です。目的合理性とは、目的に合致すれば手段は選ばないという考え方を指します。一般に目的地に行くルートは複数存在します。登山などがよい例ですが、山頂に到達するためには、条件の異なるさまざまなルートが存在し、どのルートを選択するのかを決定しなければなりません。一度そのルートを登り始めると、一定の経路依存性が発生します。すなわち容易には別のルートに変更することができなくなります。もちろん、いくつかの横道があり、迂回していけば別のルートに行くことができる可能性はありますが、想定外の環境に遭遇する可能性は高くなります。

　主権が一人一人の国民に存在し、一人一人の国民の生活向上のプロセスそのものが重視されるならば、目的地もさることながら、途中の経路が重視されなければなりません。なぜなら、目的地にたどり着ける者がすべての国民であるとは限らないため、バランスを取りながら社会全体を発展させていく必要があるからです。

　他方で、国家主義的な立場が優先され、国民はあくまでそれに奉仕する存在と捉えられている権威主義的な国家においては、為政者の目的に合致していることこそが重視され、途中の経路は都合のよい形で融通無碍に解釈されます。目指すべき国家像に対して合致している（これを「合目的的」と言います）のであるならば、奉仕する国民の生命は犠牲になっても構わないという解釈も成り立つのです。従って、目的に合っていることこそが重要であり、途中の経路はある意味ではどのようなルートでも構わないという発想になります。

　これに対して、手続き合理性は社会の運営における論理的整合性、制度的合理性を重視する考え方です。一般には法治国家と言われる近代国家においては、為政者の気まぐれな解釈は捨象され、法律に則り物事が判断されていきます。もちろん、法制度の運用においても、英米などの経験に基づく判例法（コモンローと言われます）と独仏などの大陸法（エクイティと言われます）とではまた異なる考え方がありますが、どちらにしても、法体系（慣習であれ制定であれ）を尊重し、それと相反するような判決が出されることは困難となります。

　一般に民主主義国家は法治によって運営され、手続きの合理性が社会運営上の規範となります。なぜなら、主権は国民一人一人にあるので、連続性を欠いた解釈が突然現れるということをマジョリティが許さないからです。ただし、第2次世界大戦前夜のドイツや日本、イタリアに見られるように、民主主義が自ら手続き合理性を拒否し、目的合理性のみを追求する権威体制を選択してしまうリスクがあることは十分に意識しておく必要があります。

　こうした点から見ると、今日の中国は明らかに目的合理性を追求する権威主義的国家と言えます。価値判断は別にして、共産党の統治の正統性、共産党の一党支配の継続、共産党による専制と民主の先進国家建設⁽¹⁾という目的に合致していれば、手段は比較的自由に解釈されます。一見すると人権を無視しているような行為も、目的合理性から見れば「合目的的」であると言えるのです。そこに中国的な「合理性」があると思います。この点が理解されると、これまでの中国の経済発展の様子がよくわかるようになると思います。

2. 「上有政策，下有対策」

　中国には、以前からよく知られた格言として「上に政策あれば、下に対策あり」（中国語では"上有政策，下有対策"と言います）があります。これは中国の社会風土を表した言葉で、政府がさまざまな政策を採用していたとしても、結局のところ現場ではそれを換骨奪胎し、自分に都合のよいような形で

解釈して運用するということを指しています。

　一般的に中国は法制度面ではすぐれた先進性を示していることが多いです。例えば環境への配慮については、環境保護法が1979年には施行され、汚染物質の排出費用を徴収する「排汚費制度」（これは一種のピグー税と言えます）がスタートしていたり、環境への対策を設計段階から検討するよう義務付けた「三同時制度」なども早くから施行されています。しかし環境汚染の実態はしばらく危険なまでに放置され続け、胡錦濤政権の末期の頃は北京でも視界が数十メートルという大気汚染が問題となりました。現在の習近平政権になってから、北京周辺の古い火力発電所や工場などを整理、移転させることでだいぶ改善が見られますが、地方ではまだ十分とは言えない状況です。環境汚染によって特定の癌が集中的に発生してしまう「癌の村」の存在も中国政府が認めています。

　一方ですぐれた法制度を持ちながら、実態は環境汚染が進んでいるという現実があり、これはまさしく「上に政策あれば、下に対策あり」で、現場において環境保護法は換骨奪胎され、あるいは地方幹部への賄賂などによって管理が甘くなっている可能性を示唆しています。中央政府のエリートは国際感覚を持ち、全体状況から先進的な政策を打ちます。もちろん対外的な宣伝という要素もあるでしょう。しかし、現場ではそうした状況を顧みる余裕はありません。目の前の生活を維持していくには生産活動を進めるほかはなく、環境汚染による社会的限界費用（本来ならば環境汚染を回復するために必要な費用）を負担せずに私的限界費用（自社の生産に必要な限りの限界生産費で、環境汚染などの外部不経済がある時、その社会的負担を伴わない費用）のみを追求する結果となっているのです。

　中国では中央と地方の関係がそうした土壌をもたらした要因として指摘されています。中国は960万平方キロメートルという広大な国土を有し、14億人とも言われる人口が存在します。中央政府が直接統治を行うことは困難であり、地方政府が実質的な統治機構となります。地方政府と言っても、世界的に見ればほぼ1国と言ってもよいほどの規模になるので、その影響力は無

視できません。中央政府が出す指示、政策は結局のところ地方政府に下ろされ、そして管理運営は地方政府が担うことになります。ここに先ほど指摘した「上に政策あれば、下に対策あり」の齟齬が生じます。中央政府の「理念」はさまざまに歪められ、現場では目的合理性のみが重視され、それに反するものは見て見ぬふりをされることになります。

　環境保護も大事ですが、地方政府にとっては経済発展が何よりも重要です。ただし共産党の統治の正統性、連続性を重視する時、環境汚染が存在することはあまり好ましいことではありません。そこで公的には環境汚染を否定しつつ、企業による汚染源への対策は後回しにして、経済的成果を求めていくという行動を取ります。その結果、法制度はあっても環境汚染が進んでいるという状況が生まれるわけです。

　他方で2021年に起きた中国における電力不足問題は、別の形で中国的な特徴が表れました。電力不足の原因はさまざまなことがあるのですが、その一つに挙げられているのが温暖化防止に向けた対策です。気候変動枠組み条約の締約国会議（COP26）において、中国は2060年までの二酸化炭素排出量実質ゼロという目標を提示しました。習近平指導部は戦略的に環境政策を進めており、中国国内の環境対策の遅れた火力発電所（石炭を原料とするため、多くの温暖化ガスを排出します）の閉鎖を指示したと言われています。それが電力不足の一つの要因とも言われています。

　国際的な信用を重視するあまり、国民の生活を犠牲にしても一気に計画停電を行うところが目的合理性を重視する中国的特質と言えます。その後地方政府からの反発で火力発電所の再稼働に向かうのですが、中国社会の一つの特徴が表れた事象と言えるでしょう。

　中国が世界第2位の経済大国にまで発展してきたのは、目的合理性に基づいて中央の政策とは裏腹にかなり自由度の高い現場の動きがあり、社会的限界費用を無視した私的利益の追求が行われてきたという背景があると考えられます。

3. 歴史的淵源と「曖昧な制度」

　中国社会で生活をしたことがある人は誰もが経験したことがあると思いますが、中国社会は一見厳しい統制が行われているようでいて、かなり自由度の高い現場空間があります。そこは古くから言われる人的ネットワークが機能していて、それが時に制度を超えて働きます。表向きの規則とは裏腹に、しかるべき人物を通してお願いするとすんなり通ってしまうということが多いのです。もちろん、こうしたことはどの社会にも大なり小なりあり、中国だけの事象ではありませんが、その範囲の大きさと深さが飛びぬけていると言ってもよいかもしれません。

　こうした中国の制度の曖昧性を明示的に取り上げ、それを深い考察の下で体系的に展開しているのが加藤（2013）です。1993年にノーベル経済学賞を受賞したダグラス・ノース（Douglass C. North）の新制度派経済学に見られるように、制度が経済に与えるインパクトの大きさに注目が集まっていますが、制度の背景には文化的な要素が影響していると考えられます。そこで加藤（2013）ではその淵源として「包」という概念に注目しています。もとは柏（1947）によって指摘されたキーワードであることを紹介しつつ、それを多くの研究成果の中に位置づけながら「曖昧な制度」の原理を説明しています。

　「包」とは請負制度のことを指します。ある特定の仕事について委託関係が存在しますが、「包」の面白いところはその契約関係が曖昧であり、想定された程度の仕事が達成されれば、それ以外の要素は受託側が自由に対処してよい、という点にあります。請負関係そのものはどの世界にもあり、中国だけの特質ではありません。しかし、その請負関係の内容が比較的曖昧で、請負以上の残余を個々人が自由に対処できるという部分が特徴的です。中国では貧富の差や身分の差はあるものの、請負関係においてはある意味で自律した個々の主体のつながりになっているというところが少し異なるところです。個々人が徹底的に組織に埋没しているわけではないのです。この曖昧な

請負関係は至るところで見ることができます(6)。

　身近な例として実際に経験したことをいくつか挙げてみましょう。中国でホテルの5階に滞在した時、部屋の備品に何かしらの不備が見つかったので、友人の部屋がある3階のところで従業員に尋ねると「それは5階の担当者に話してくれ」という回答でした。自分の担当である3階については責任を負うが、別の担当者である5階には干渉しないということなのです。

　中国の大学に留学した人がよく経験する話ですが、中国では大学の事務員が個別の仕事をそれぞれ担当しているため、例えば在学証明書を申請しに行っても、しばしば「〇〇については張さん（担当者）が今日休みなので、明日また来なさい（明天再来!）」という対応を受けた人が多いのではないでしょうか。

　また、これは日本のある商社の中国滞在歴の長い方からのお話で、中国での合弁事業で赴任した時、中国人の従業員が全く働かず困ったことがあったそうです。日系企業のやり方で運営していたのですが、後にそれが合わないのではと気づき、中国式に個人個人に仕事を割り振り、成果が出ればそれを個人に還元し、ミスが出ればそれを個人に負担させるやり方を取ったところ、猛烈に働き出し、日本人顔負けの働きぶりであったようです。

　これらの例が示しているのは、個々人への仕事の割り振りとその結果への報酬という請負関係が重要であるという点です。「包」の考え方が中国社会にかなり広範に存在する規範となっていることがうかがえるのです。一定の成果さえ出ていれば、そこから先は個人の自由な裁量に任せるというやり方は、目的合理性という点とも整合的です。目的について請負関係が成立すれば、その手段については自由に任せ、達成後の残余についても自由な処分に任せるという「曖昧な請負関係」という制度こそが、中国的な合理性の形であり、今日まで続く経済発展を可能にしてきました。次節ではそれがどのような形で推移してきたのかを概観していきたいと思います。

II　経済合理性と社会主義的価値観

1. 改革開放と経済合理性　1980年代の経済発展

　毛沢東は1949年に中華人民共和国の成立を宣言しましたが、その時点では直前に作成された「新民主主義社会」構想に基づき、段階的な社会主義化を志向していました。それが第1次5ヵ年計画を経て社会主義的改造へと一気に傾斜し、人民公社や企業の国営化が進みました。その後の大躍進運動や文化大革命といった政治運動も、一方では時々の政敵との政治闘争という側面があるものの、他方では理想とする社会主義社会への目的合理性を追求した結果と見ることが可能です。しかし毛沢東の急進主義は個人の請負関係による自由度を十分に提供しなかったため、経済的に行き詰まり、改革開放を招来することとなりました。

　1978年末の3中全会（中国共産党中央委員会第3回全体会議）において指導権を握った鄧小平は、文化大革命の混乱、華国鋒の洋躍進の失敗を糾弾する形で改革開放をスタートさせました。人民公社は解体され、農家経営請負制度が採用されました。安徽省鳳陽県小崗村で行われた村民たちの命がけの請負制度（当時、人民公社を否定する動きは重罪とされました）は鄧小平の下で積極的に評価され、短期間に全国に広がりました。

　農家経営請負制度はまさに農業の生産性を向上させる、という目的合理性を追求した請負関係でした。人民公社の持っていた土地は各農家に分配され、農家ごとに事前に設定した作物量を超えて収穫された場合は各農家の自由にしてよいということになりました。「包」のやり方が前面に出されたわけです。残余の処分権を得た農家は、労働へのインセンティブを得たことで積極的に労働するようになり、生産性、生産高は急速に増大しました。

　自分の取り分となった収穫物を自由に販売できる自由市場も認められ、農家の収入は大きく改善されました。「万元戸」と呼ばれる大金持ちが都市部

近郊の農村に現れてきたのもこの頃です。自由な経済活動の領域が拡大するにつれて、当然ながら人々の経済合理性も見られるようになっていきます。農家は家族の労働配置を最適化し始めたのです。分配された農地は小さかったので、農業は高齢者が行い、若い労働力は農業以外の労働場所を求めて郷鎮企業に集まりました。郷鎮企業はもともと人民公社傘下の社隊企業でしたが、人民公社解体に合わせて郷村政府の所有企業となったものです。[7] 郷鎮企業は軽工業品を中心に生活に必要な工業製品を生産していましたが、農家の収入増に合わせて需要が増加したため、新たな労働力を必要としていたのです。農家の労働配分の最適化はこうした事情に対応した反応でした。[8] そして農家の収入が農村の信用合作社を通じてこれら郷鎮企業に融資されたわけです。

　郷鎮企業の発展が農業の発展と共に1980年代の中国経済を牽引したと言ってよいでしょう。ところでこの郷鎮企業もまたある意味で請負関係による産物と言えます。郷鎮企業は基本的に郷村政府の所属企業なので、ある意味では公営企業ということになります。しかし郷鎮企業の利益がそのまま郷村政府の財政収入となるため、利益を最大化する必要に迫られました。また、郷村政府の幹部が事実上の経営者であるため、郷鎮企業の収益が自分たちの収入に直結する関係にありました。[9] 利益を最大化するという目的合理性のために、手段は自由に解釈され、郷鎮企業はほぼ民間企業並みのパフォーマンスを示しました。公営企業としての制度や規制はほとんどないに等しい時期であったため、より自由な活動ができたと考えられます。

　他方で、利益の上がる企業が出ると、すぐにその他の郷鎮企業が類似の製品に群がるため、過当競争が起きやすい現象も見られました。浙江省のある県を調査した際の経験ですが、5社の郷鎮企業のうち3社が住宅建設資材であるタイルの生産を行っていました。そのうちの1社は他社と製品を差別化するために、フランスから高価なプレス機を導入し、品質の向上を目指していました。建材のタイルは土を圧縮して焼成するのですが、圧縮が弱いとすぐに割れてしまうため、圧縮の度合いが品質を決めるわけです。この競争の

中で1社は対応できずにほぼ倒産に近い状況に追い込まれ、国産のプレスを使用しているもう1社と棲み分けをしている状況でした。こうしたことからも、個別の郷鎮企業にはかなりの自由度があり、民間企業と同様の経済合理性を追求していたことがわかります。1990年代に入ると競争の激しさから淘汰が起こり、郷鎮企業の発展に翳りが出始めます。そこで新たに起こってくる変化が沿海部の経済特区の増大と三資企業（外国企業との合弁、合作、独資）の成長です。

2. 自在に解釈される制度　1990年代〜2000年代の経済発展

　中国では今日でも農村と都市で区分される戸籍制度があります。農村で生まれた場合は農村戸籍となり、都市で生まれた場合は都市戸籍となり、特別なことがない限り、戸籍を変えることはできません。農村戸籍と都市戸籍では、それぞれが持つ優位性は異なります。農村戸籍の者が許可なく都市に住むことはできません。仕事があり居留証明書が発行される間は都市に住むことが可能ですが、仕事をやめてしまうと直ちに地元である農村に帰らなければなりません。一般に医療や社会保障などの面で都市戸籍は大きく優遇されており、農村戸籍の場合はこれらの保障は限定的です。かつては大学卒業、人民解放軍への入隊のような特別な場合しか戸籍の変更は認められませんでした。

　1980年代の中国の経済発展は先述したように農村の発展が牽引しました。しかし郷鎮企業の過当競争と農業の生産性の頭打ちも相まって、その発展の勢いが徐々に減退していきました。その頃、中国は開放への動きを強く進め、経済特区を拡大させていきました。深圳はその代表的な都市ですが、当初南方4か所（深圳、珠海、汕頭、厦門）で始まった開放地域を上海や天津にまで広げていったのです。

　外国企業誘致の目的は、技術の移転と輸出の拡大です。郷鎮企業の発展によって一部の軽工業については技術力が付いてきました。しかし本格的な工

業発展を目指すには、より付加価値の高い重工業製品への産業構造転換が欠かせません。そのためには外国企業の進んだ技術を取り入れることが早道です。外国企業の誘致にはそのための誘因が必要です。それが安価な労働力でした。ここでも目的合理性を重視する権威主義国家として、プロセスの柔軟な対応を惹起させます。

　戸籍制度は温存しつつ、農村から都市への出稼ぎ労働を事実上認めていきました。もともと戸籍制度を設定したのは、計画経済下で農村労働力が勝手に都市に移動しないようにするためでした。都市部の工業で雇用できる労働力の数は限られていたため、計画以上の労働力が自由に移動しては困るからです。しかし今回は逆に外資の誘致には安価な労働力として農村労働力が大いに必要となりました。そのため、事実上移動を認めざるを得なくなったのです。こうした出稼ぎ労働者を中国では「農民工」と呼んでいます。

　当初は「盲流」と称された無秩序な出稼ぎ労働も、戸籍制度の管理を強めながら秩序化していき、沿海部で必要な労働力を確保するルートができ上がりました。出稼ぎ労働者は就業先が確保されている間だけは都市で就労できるものの、解雇された場合は農村に帰らなければならない点は同じでした。それは次から次へと若い労働力を確保するよい手段となりました。工場の流れ作業や建設現場などで働く労働力としては、若く手先の器用な労働力が常に必要とされたからです。

　この時期、企業は出稼ぎ労働者にも一定の福利厚生を与えること、また一定以上の数を雇用してはいけないことなどが決められていました。しかし、賃金については都市労働者とは明らかに差があり、安価な労働コストが維持されていました。都市労働市場では都市戸籍と農村戸籍の労働力で分断されており、それぞれ異なる労働市場となっていました。従って常に新たな労働力の参入が想定される農村戸籍の出稼ぎ労働者にとっては、低い賃金でしか働くことができなかったわけです。企業にとっては労働コスト削減のメリットがあるため、公表している以上の農民工を雇用していると思われるケースも多数存在しました。

こうした動きの結果、1990年代から2008年のリーマンショックを経て新型コロナウイルスが世界を席巻するまでの間、中国は安い出稼ぎ労働力を利用した安価な工業製品の輸出という形で経済を発展させてきました。その過程で利益の一部から都市に富裕層が生み出され、彼らが世界で「爆買い」現象を引き起こしたのは記憶に新しいところです。しかし他方で安価な労働力を提供した農村家計は収入自体は増大したものの都市部との格差は拡大し、李克強前総理が2020年5月の記者会見でいみじくも述べたように、約6億の人々が月収1000元以下で暮らしているのです。

　輸出拡大による貿易利益の獲得によって工業化を推し進め、経済発展を進めていくという目的に合致するように戸籍制度は柔軟に解釈され、農村戸籍の出稼ぎ労働者は都会で働くことが許されたわけです。もちろんそれによって農家の収入はトータルとしては増大し、農村における雇用機会の少なさや賃金の低さを考えれば農家にとっては効用の増大をもたらしました。しかしその効用増大は限定的であり、多くの富は都市戸籍の経営幹部に集中し、その多くが執政政党である共産党のメンバーであることと重なっています。高い経済成長の果実はごく一部の特権層に集中することとなりました。

　そして2010年代から進められている「新型都市化計画」においては、今度は大都市に集中していた出稼ぎ労働者を郊外に設立した新しい中小都市に移転させ、そこで都市市民として消費の一翼を担う存在に位置づけています。そうすれば、習近平主席の言う「双循環」[10]の国内経済を牽引する消費主体となりますし、出身元の農村から引き離すことで農地を集約し、農業の生産性を上げることも可能となります。それは延いては「三農問題」と呼ばれる農業、農村、農民問題を解決する糸口ともみなされているのです。ここでも中小都市の都市戸籍を取得できることを呼び水としている点で、柔軟な制度解釈が行われています[11]。

　ところで、この輸出拡大をもたらした契機が2001年のWTO加盟です。次にこの加盟に基づく変化を見ていきます。

3. WTO加盟と貿易利益の拡大

　中国が2001年にWTOに加盟した当時、中国国内では珍しく反対の意見も出されていました。中国は1986年に当時のGATT（関税と貿易に関する一般協定）に加盟を申請していましたが、長引く交渉中の1995年、GATT自体がWTOへと格上げし、さらに交渉が続いていました。交渉が長引いた理由は、中国が発展途上国としての加盟に固執したためでした。発展途上国としての加盟が認められれば、国内産業保護の名目で補助金を支給できることや一部貿易制限を加えることが可能となるからです。結果として中国は途上国としての立場で加盟が実現し、さまざまな免除規定を利用することができるようになりました。

　WTOには最恵国待遇と内国民待遇という2つの原則があります。またWTOへの格上げに伴ってサービス貿易や知的所有権に対する取り決めも含まれるようになりました。WTO加盟に伴って国内法にさまざまな変更を加えなければならないことから、反対意見も多かったのです。しかし加盟前には個別に各国と貿易交渉を行わなければならず、アメリカなどがしばしば最恵国待遇の見直しを交渉手段として利用してくることに対抗するには、紛争処理手続きの整ったWTOに加盟するメリットがありました。同時に貿易のさらなる拡大によって経済成長を目指していた中国にとっては、貿易ルールが共通化し個別交渉のいらないWTO加盟に現実的な利益がありました。その結果、反対論を抑えて加盟が実現することとなりました。

　2021年はWTO加盟から20年の節目の年となりました。この20年間で中国の輸出入総額は世界一となりました。加盟時と比較して輸出で9.7倍の約290兆円、輸入は8.4倍の約230兆円まで増えました。加盟に先立って、中国は「中国がWTOを必要としているが、WTOも中国を必要としている」と豪語していましたが、実際その通りで貿易大国中国抜きの貿易枠組みでは意義が半減してしまいます。よい意味でも悪い意味でもWTOは中国の影響を大きく受けることになりました。

中国は加入時の履行条件を必ずしも十分に満たしたとは言えません。特に国内の国有企業に対する補助金政策は今日でも続けられており、米中貿易摩擦の主因の一つとなっています。2020年には新型コロナウイルスの世界的蔓延に対して、オーストラリア首相のウイルスの原因調査をすべきとの提言に中国が反発し、オーストラリア産のワインに多額の関税をかけるという問題も起こりました。これはWTOの紛争処理手続きにおける係争問題となっています。2021年には国内産のものを優先的に購入するよう通達が出されたという問題も起こり、物議を醸しています。加盟から20年近くで中国が貿易上の問題で提訴されたのは47件にのぼり、同時期の日本の5件と比べるとその多さが際立ちます。貿易を増やして貿易からの利益を最大化するという目的合理性に合致すれば、その手段は都合よく解釈され、全体状況を見ながら有利に展開させていくという中国ならではの戦略図式がここにも垣間見られます。

　2022年1月からは中国主導のRCEP（地域包括的経済連携協定）が正式にスタートしました。ASEANの取り込みを目的とした中国による貿易枠組みが本格的に始まることとなり、アジアにおける中国の貿易上のプレゼンスはさらに拡大すると見込まれています。同様に日本主導のTPP（環太平洋経済連携協定）にも加盟を申請しており、透明性や補助金の観点から高いハードルが設定されているものの、その存在感から中国に同調する加盟国への働きかけを通して徐々にその実現に近づいています。

　現在の習近平主席は「中国の夢」というスローガンを掲げ、「中華民族の偉大なる復興」を声高に叫んでいます。その具体的政策として始まっている「一帯一路」政策、そしてその金融的機能としてのAIIB（アジア・インフラ投資銀行）も融資を拡大しています。これまでの経緯を見れば、「債務の罠」という批判を押しのけ、中国は目的合理的に行動してくるものと考えられます。RCEPやTPPもまたそうした行動原理である中国の存在を意識して今後を見ていくことが必要となります。

Ⅲ　中国的「合理性」とは

1.　現実への対応力

　前節では中国経済発展プロセスにおける、中国的合理性の所在を確認してきました。1980年代の農村を契機とした発展パターンから、90年代から2000年代にかけて進展した貿易を通じた発展方式と、内容の差はあるものの目的合理性を重視し、その手段については状況に応じて変幻自在に対応してきた様子が理解されたと思います。

　中国は、このようにある目的が設定された時、そこに行きつくプロセスは柔軟に対処し、状況を見ながら少しでも有利となれば躊躇なく変化させていくところに特徴があります。中国に広範に見られる「包」として紹介した曖昧な請負関係もそうした特徴を支える役割を果たしていると言えます。中央政府と地方政府、監督官庁と国有企業、経営者と労働者というさまざまな場面において曖昧な請負関係が存在しているのです。

　労働における契約関係において、請負関係は広く世界に認められます。そして多くは近代以前の不確実性の高い社会で見られる現象であり、例えば日本でも石炭産業などで働く労働者はしばらく納屋制度（あるいは飯場制度）と呼ばれる請負関係が主流でした。労働者を集めるには農村との地縁や血縁が利用されましたし、石炭採掘などは地下深くで行われるため、労働監視が難しく中間請負人（納屋頭）が間接的にそのリスクを引き受ける形で労務管理が行われていました。中国でも同様に出稼ぎ労働者は多くが請負人（中国語では"包工头"と呼ばれます）に雇われ、労働現場で働くことになります。労働者は会社と直接契約するのではなく、請負人を通した間接契約であるため、請負人が賃金を持って夜逃げしてしまったり労働災害で負傷しても会社からは保証金がもらえないといった事例が多く発生しました。

　労働契約による不確実性は先進国においても存在し、労働力の質の測定が

そもそも労働契約以前にはわからないため、学歴を一つのシグナルと見るシグナリング理論や高い賃金を提示することで生産性を引き出す効率賃金仮説などが提示されています。ただし一般には現代化が進む中で請負契約は徐々に縮小していくのに対して、中国では労働契約だけでなく、かなり広くこの関係が維持されているところに中国的な特徴を見出せるのです。

　広範な請負関係の背後に不確実性があることは確かですが、それは中国の場合歴史的にも古くから認識されていたことと思われます。中国の歴代の王朝は朝貢体制を敷いてきましたが、その統治の構造は文化の中心でもある中央から外側に向かって地方、土司・土官、藩属、朝貢、互市という具合に広がっていました。広大な領土をすべて統治するわけにはいかないので、中央から土司・土官までは役人を派遣し、藩属以降は地元の有力者に統治を任せる形を採用しました。朝貢関係にあった日本についても、統治を認められた印としての金印が授けられたことはよく知られています。

　このような統治形態は現在でも形を変えて続けられています。中央と地方との関係はそのような請負関係とも言えます。地方政府は一定の自由度を持ちつつ、徴税の一部を中央政府に納め、残りの権限を地元の発展に活用しました。改革開放後に地方財政請負制度が導入されてからは一層その体制が強化され、「諸侯経済」と称されるような地方政府ごとの競争が激しくなりました。1994年に分税制が導入されるまでは税の請負のシステムをうまく利用して地方への残余額を増やし、利益の出そうな産業の育成を進めたので、どの地方も似たような産業の育成が行われ、それが前述した郷鎮企業どうしの競争激化の要因となりました。

　分税制の導入によって地方と中央の取り分が幾分はっきりすることで、地方政府は自らの残余資金を増大する余地が狭くなりました。そこで乗り出したのが土地を通じた資金の調達です。中国で土地は国有なので売買の対象にはなりませんが、土地の使用権を売買することは可能です。地方政府はこの土地使用権を開発業者に売り、不動産開発による利益を得てきました。もとより土地には農民の土地も含まれていましたが、そこは計画経済時代の古い

保障価格で接収しました。これは市場経済化を徐々に進めていく鄧小平の漸進政策と関係がありますが、部分的に市場経済化を進めるため、市場経済と計画経済が同時に存在することとなっていました（これを「双軌制」と呼びます）。地方政府はこの二重価格を通じて大きな収益を上げていたのです。この不動産市場をめぐる資金調達に関しても、地方政府と不動産開発会社との極めて曖昧な請負関係が見られます。⁽¹³⁾

　結局のところ、これまでの中国の経済発展には目的合理性と手段としての曖昧な請負関係という共通の特徴が見られるのです。その総体としてのモデルが北京コンセンサスと言われる中国型の経済発展モデルと言えます。そこには途上国ゆえの不確実性に対する利益の確保と、目的のためには手段を選ばないという権威主義体制の上からの強制力がうまく組み合わされた開発スタイルが提示されています。価値判断を抜きに考えると、これは多くの途上国にとって魅力的に映るのかもしれません。しかし、それが長期にわたり人々の欲求をコントロールし、究極の目標に向けていつまでも大衆を動員できるかと問われれば、その継続は困難なようにも思います。なぜならば、持続的な経済成長には技術革新をもたらすR&D（研究開発）投資が欠かせず、結局のところ安定した投資環境には予見可能性、つまり手続き合理性が必要だからです。政策が思いつきで突然変更されたり頻繁に変動する社会では、安定的な投資は望めず、持続的な成長は困難となります。

2.　目的合理性への追求

　共産党による一党支配が続く権威主義体制の中国では、長期的な目標を設定することが比較的容易です。異例の国家主席3期目を実現した習近平主席も「中国の夢」という政治スローガンを掲げ、「一帯一路」政策を進めていることはすでに述べました。中国の指導者はこのようなスローガンをしばしば掲げますが、それは長期的な目標を提示することで、目的合理的な行動を促しているためです。

習近平主席の前の主席である胡錦濤氏の時は、「科学的発展観」と「和諧社会」が重要なスローガンでした。進行する環境汚染への対処や貧富の格差の拡大が強く意識されていたからにほかなりません。中国は上意下達の統治構造であり、かつ選挙によって政権が変わるわけではないので、少なくとも在任期間である2期10年はスローガンが生き続けるわけです。

　胡錦濤氏の前は江沢民主席です。江沢民主席の時は「3つの代表」が有名なスローガンでした。これは中国共産党の歴史的な位置づけを変更した点で大きな変化でした。共産党は一般には労働者・農民による政党と規定されていますが、「3つの代表」では中国共産党は労働者・農民だけではなく、一般の人民の利益を代表する政党であることを示したのです。改革開放以後に民間の経営者が育ち、彼らは有力な政治勢力となりうる存在でした。イデオロギー上はこうした人々は「資本家」に位置づけられるため、共産党への入党は禁止されていました。しかしいつまでもこのような人たちを共産党外に置いておくことは難しいため、資本家も入党できるように臨機応変に対応したということです。このようなことが可能なのも、中国共産党による一党政権の保持という譲れない目標から"柔軟に"対応した結果と言えます。

　現政権の習近平氏が掲げる目標である「中華民族の偉大なる復興」という言葉はやや抽象的であり、その具体的なところはいろいろに議論されていますが、「復興」という言葉が示すように、かつての世界帝国であった王朝時代を指しているものと解釈されます。そしてしばしば指摘されるように、アヘン戦争以来の近代史が中国にとっての屈辱の歴史として捉えられていることから、それ以前の世界に戻すことを意図しているのだとすると、現在香港や台湾へ行っているアプローチの持つ意味がよく理解できます。同時に、世界的な経済大国を目指す意図も明らかです。近世の中国のGDPは世界の30%近くに達していたという研究成果もあり、現在のアメリカの割合を上回る規模だったからです。

　開発経済学で有名なルイスモデルを当てはめれば、中国は労働過剰経済から労働不足経済へと向かう大きな転換点に位置しており、今後一般労働者の

賃金の上昇が起こり、生産要素の単純な増大による量的経済発展の限界を迎えます。ここからは主に総要素生産性（技術革新を含む生産性）の向上によってしか経済発展を望むことは難しくなります[14]。中国が新たな技術の獲得に乗り出していることは、アメリカをはじめ先進諸国で経済安全保障の観点から警戒されていますが、その理由は上記のような状況が背景にあります。「中国製造2025」というレポートが物議を醸したように、中国は今後製造業の技術アップを進め、新たな発展パターンに移行することを考えています。そうした長期ビジョンを設定し、さまざまな手段を用いた息の長い計画を立案することは、まさしく中国の目的合理性に向けた臨機応変の対応が可能にしていると考えられます。

3. 「終わりよければすべてよし」

　習近平政権は2021年以降「共同富裕」というスローガンを新たに強調しています。もともとこの言葉は毛沢東が用いたもので、当初の理想とされた社会主義像に近い概念でした。しかし鄧小平による改革開放によって市場経済化への動きが進み、ジニ係数ではアメリカと同程度にまで貧富の格差が拡大し、もう一度社会主義の原点に戻る形で提起されました。

　改革開放の後半、2001年のWTO加盟後は、江沢民政権の下で貿易が拡大すると同時に、海外留学からの帰国者による起業なども増え、今日巨大な存在となっているIT企業が相次いで設立された時期でもありました。貿易利益の獲得と経済発展という目的に合わせて比較的自由な経済環境が実現し、IT企業が続々と設立されました。アリババやテンセントといったIT企業が躍進し、電子マネーが飛躍的に拡大しました。スマホで自転車の貸出ができたり、料理の配達を注文できたりと、今日先進国で普及しているサービスがほぼ同時期に、場合によっては中国で先行して進められてきました。

　ここにも中国的な特徴があります。すなわち一見すると強固な規制で縛られているように見える権威主義体制においても、目的合理性に合致していれ

ば、手段は比較的自由であり、この場合IT業界を取り巻く状況はかなり自由な経済活動が認められていたということです。自転車の貸出の場合、地下鉄駅の出入り口などは自転車でいっぱいになり、後に規制が入るのですが、当初は自由に利用できる状態でした。こうしたことは例えば日本ではおそらく許可が下りず、現在のように認められるまで時間がかかることになります。スマホ決済や一時期流行したP2Pと呼ばれる個人間信用取引も企業先行で進められ、問題が生じてから規制が入るという状況でした。

　手続きの合理性を重視するのであれば、慎重に審査されてから認可されるため、実行には時間がかかります。その代わり、一度認可されれば比較的混乱なくスタートします。中国の場合は明らかに逆で、まず企業が自由に活動を行い、トラブルが発生したら対処するという状況が一般的です。一見すると何もかもが素早く進んでいるように見え、規制の多い先進国が遅れているように見えます。IT業界の躍進もそれに近い形となりました。市場へのコントロールは後手となるため、独占や寡占企業が出てくると同時に、一部の超富裕層とも言うべき階層が形成されました。

　スマホ決済から信用貸しにまで手を広げていたIT業界に対し、従来の銀行業務が大きく侵害されるほか、金融政策の効果を働きにくくしてしまうことを恐れて、現在政府は規制を強めざるを得ない状況となっています。また独占的な立場を利用した競争を阻害する行為も目立つようになり、罰金や罰則が適用されました。中国ではトラブルが発生してから対処するため、急に締め付けが厳しくなったように観察され、海外からは政治的な背景や朝令暮改といった批判を惹起する傾向があります。もちろんそうした要素があることは否定しませんが、そもそも中国のやり方がそういう方式であることを理解することも重要です。

　「共同富裕」というのも、広がり過ぎた格差を是正し、豊かさを幅広く享受できるようにする必要が出てきたことを反映しています。不動産価格は一般労働者の年収の30〜40倍近くにまで上昇しており、現実離れした価格になっていることは明らかです。目的合理性の下で比較的自由に活動できた不

動産やIT業界が、目的からやや逸脱する傾向を示したところで後から規制が入るという形になっているわけです。

IV 結論

　中国における合理性を理解するため、まず合理性を目的合理性と手続き合理性に分けて考察しました。中国のような共産党による権威主義的一党支配体制においては、目的合理性が強調され、その反動として臨機応変で比較的自由な手段としての現場空間が生じていることを見てきました。そしてさらにそこには「包」に象徴される広範かつ曖昧な請負関係が形成されており、それが改革開放期には自由な経済活動をもたらし、今日のようなIT長者を生み出すことにつながりました。

　ただし、目的合理性から逸脱する傾向が見られた場合は容赦なく処罰されることも権威主義体制においては常に見られる現象です。現在、IT業界、教育業界、芸能界と次々に規制のメスが入れられている背景には、著しく不平等が形成され貧富の格差が拡大したこと、独占的な立場を利用した不公正な市場環境が生じたことなどがあります。一見政治的な理由から突発的に規制が入ったように見える事象も、後から規制をかけるというこれまでにも見られた中国のパターンから見れば、それほど違和感はありません。あくまで目的合理性に沿っているかどうかを見る必要があるわけです。

　目的は、指導者から発せられるスローガンに表されています。習近平主席においては「中国の夢」すなわち「中華民族の偉大なる復興」や「一帯一路」であり、他方では「共同富裕」ということになります。その目的に沿っている限りにおいては、比較的自由な活動環境が与えられているのです。その意味で中国を理解し、今後の中国を予測していくには、中国的合理性を十分に理解する必要があると言えるでしょう。

注

（1）　中国は最近出された「中国的民主」のレポートにおいて、民主主義は一様ではなく、中国には中国の民主があり、それは専制と民主の融合であって、欧米の民主主義よりもすぐれたシステムであると述べています。

（2）　この中国独特の感覚を以前は「中国は至るところに“スキマ”がある社会」と表現していましたが、今にして見るとそれこそが中国的特質であると言うことができます。

（3）　加藤弘之『「曖昧な制度」としての中国型資本主義』NTT出版株式会社、2013年。また、曖昧な制度の実証研究として、加藤弘之・梶谷懐編著『二重の罠を超えて進む中国型資本主義──「曖昧な制度」の実証分析』ミネルヴァ書房、2016年を参照。

（4）　柏祐賢『経済秩序個性論ⅠⅡⅢ──中国経済の研究』人文書林、1947年。

（5）　加藤（2013）では、柏の「包」概念を黄宗智の主張する「第3領域」（成文化された司法体系と慣習的世界との間の領域）、ブレズニッツ、マーフリーの「構造化された不確実性」という概念との比較考察からその共通項としての「曖昧な制度」を析出しています。

（6）　加藤（2013）では「包」の特徴は明清時代の経済構造にも見られることを紹介しています。

（7）　後に概念が整理され、個人企業や一部の民営企業も含められました。

（8）　農家の労働配分の合理性については、拙稿「人口移動の変容と労働市場の構造変化」南亮進・牧野文夫・郝仁平編著『中国経済の転換点』東洋経済新報社、2013年、第6章を参照。

（9）　農村調査のため村の幹部に会いに行くと、その幹部は郷鎮企業の社長室にいると言われて驚いたことがあります。郷鎮企業はその後株式化が進むのですが、株を買うのが村の幹部であり、国有資産の扱いについて一部に批判も出ていました。

（10）　「双循環」は習近平主席が提唱している政策で、それまでの輸出一辺倒の外需依存型の経済発展から、国内の消費によって牽引される内需主導型への経済構造への転換が企図されています。外需への過度な依存は、リーマンショックなどに代表される外的要因に影響を受けるため、安定的な経済発展には好ましくありません。そこで内需と外需の2つの経済循環をうまく調整していこうというのが本政策の目的です。

（11）　2022年7月12日に発表された中国国家発展改革委員会の「第14次5ヵ年計画（2021～25年）新型都市化実施プラン」によると、常住人口300万人未満の都市では都市の戸籍取得制限を撤廃し、300万～500万人の都市では条件を全面的に緩和するとされました。ただし、北京・上海・広州といった大都市は除外されています。

（12）　浜下武志『近代中国の国際的契機──朝貢貿易システムと近代アジア』東京大学出版会、1990年を参照。

（13）　2021年に恒大グループをはじめ、不動産開発企業が大きな負債を抱えることとなり、倒産企業が増えていますが、その背後には地方政府との不透明な資金関係も影響しています。習近平指導部は異常に高騰した不動産価格を抑えるため、不動産市場への介入を強化しているので、このような問題が明るみになりました。

（14）　この転換点を乗り越えることができるかどうかは「中所得国の罠」という言葉でもしばしば指摘されています。一人当たりGDPが1万ドルを超えるあたりからこのような状況に直面しますが、中国はまさに現在その状況に位置していると言えます。

武漢は新型コロナウイルスとどう遭遇したか
——方方『武漢日記』を通してみる

はじめに

　2023年5月5日、世界保健機関（以下WHO）は、新型コロナウイルス感染症に関する緊急事態宣言を終了しました。日本でも新型コロナウイルス感染症の法的な位置づけが変更され、2023年5月8日、同感染症は、「新型インフルエンザ等感染症」（いわゆる2類感染症に相当）から「5類感染症」になりました。私たちと新型コロナウイルスとの関わりは、まがりなりにもひとつの区切りを迎えたと言えます。

　しかし、この感染症はまだ完全に終息しておらず、引き続き、個人の判断での感染対策が推奨されていますし、また、新型コロナウイルス感染症発生からWHOの「国際的に懸念される公衆衛生上の緊急事態（PHEIC）」終了までの約3年間で起きた様々な出来事に思いを巡らせると、人類と新型コロナウイルスの遭遇というこの大事件には、多くのことを考えさせられます。

　新型コロナウイルスの脅威を世界で初めて経験したのは、中国湖北省の省都武漢でした。長江と漢水の合流地点に位置する武漢は、古来中国の交通の要衝です。現在は「国家中心都市」のひとつとされる大都市で、上海、北京、深圳、広州、重慶などに次ぐ経済規模を有しており、新型コロナウイルスの影響を受けた2020年も、GDPが4.7％マイナス成長となったものの、中国国内での位置づけに変わりはありませんでした。武漢の人口は、2021年5月に発表された2020年11月1日現在のデータで1232万6518人です。東京都の2021年1月1日現在の人口が1396万236人、うち区部の人口が965万5266人ですので、東京23区よりやや多い、東京都全体よりやや少ない人数ということ

になります。

　新型コロナウイルスは、2019年12月に武漢に現れ、それがいったい何もの
であるのか、はっきりわからないうちに拡散し、医療が崩壊して、大勢の人
が次々と亡くなる、痛ましい結果を招きました。武漢市は、2020年1月23日
午前10時、ロックダウンという強力な手段を取り、およそ1200万人もの市民
の行動を徹底的に制限して、約2ヶ月半で、後に武漢型とも呼ばれることに
なる新型コロナウイルスを制圧しました。

　日本ではロックダウンは行われておらず、日本の新型コロナウイルスへの
対処方法は武漢と大きく異なります。しかし、武漢の人々の経験は、世界中
のどんな場所であれ、どんな人であれ、原因不明の病原菌に相対する過程で
経験しうるものだと思われます。このウイルスが当初人類にとってまったく
未知であり、その後ウイルスを封じ込めるためにロックダウンという極端な
手段が取られたことから、武漢のケースには人間が未知の恐ろしいものに遭
遇したときに起こりうることがいっそう増幅され、鋭敏化した形で現れてい
ると思われます。私たちは、武漢の人々の経験から、何がしかを学ぶことが
できるのではないでしょうか。

　そこで本稿では、武漢出身の作家方方が、ロックダウンの際、リアルタイ
ムにインターネット上で発信したブログ『武漢日記』を検討します。『武漢
日記』は中国の内外で注目を集め、しだいに賛否両論を巻き起こし、一種の
社会現象になりました。もともとブログですが、書き手が名の通った作家で
あるだけに、ある程度の統一感があり、ひとつの文学作品とも言えるものに
なっています。そこからは、未曽有の危機に現れた不合理な状況を前に、一
人の作家がどのように振る舞い、合理性を回復しようとしたか、読み取るこ
とができると考えます。

Ⅰ　方方と『武漢日記』

　『武漢日記』の作者方方は1955年生まれです。2歳から武漢に住み、武漢大学を卒業した、武漢の人で、ブログ執筆時は64歳でした。文化大革命末期から創作を始め、1987年発表の中篇小説『風景』⁽¹⁾で高評を得て、「新写実主義」の幕を開いたと言われています。1980年代の中国文学が、文化大革命の不毛から抜け出し、それまで唯一の価値であった社会主義リアリズムと距離を取り、ひとつにはアヴァンギャルドな方向へ向かっていたのに対し、新たなリアリズムを追求した作家と言えます。2010年に中篇小説『琴断口』で第5回魯迅文学賞中篇小説賞を受賞するなど、中国国内の様々な文学賞を受賞しています。2007年から2018年まで湖北省作家協会主席でした。

　方方の作品には、これまでにも社会現象と言える反響を引き起こしたものがあります。2013年発表の中篇小説『涂自強の個人的悲しみ（涂自強的個人悲傷）』⁽²⁾は、貧しい農村でただ一人の大学合格者である涂自強が、都市で生きていくことを求めたものの、夢破れる物語です。涂自強は、同郷の人々から援助を受け、自分も日雇い労働をしながら徒歩で大学まで行きます。大学では、彼の経済状況を案じて教授が斡旋してくれた食堂の仕事をしながら学業に励みます。しかし人脈のない彼は、卒業後、生活を維持できるだけの仕事を得られず、不運にも見舞われ、ついに疲れ果てて、肺がんで亡くなります。涂自強は、他人や環境に対して悪意を持たない善良な人柄で、苦労をいとわず、ひたむきに生きています。彼の周囲の人々も、思いやりがあり、それぞれなりに彼に暖かく手を差し伸べます。にもかかわらず、なぜか必然のように訪れる悲しい結末に、中国社会の構造的問題がうかがわれ、発表当時大変話題になりました。

　また、中国共産党の政策を否定したとされる作品もあります。2016年発表の長篇小説『柩のない埋葬（軟埋）』⁽³⁾は、地主の家に生まれた女性と夫の親族が、中華人民共和国建国前に、土地改革で悲惨な死に方をしていたことを

描き出した物語で、第3回路遥文学賞を受賞したものの、発禁処分にされました。

　方方はこれらの作品で、個人が、自分ではいかんともしがたい流れの中で、悲惨な運命を引き受ける姿をドラマチックな筋書きで描いています。弱い立場にある個人の痛みを捨て置かず、スポットライトを当てようという意思がうかがえます。筋書きがドラマチックなところは、大学卒業後、湖北テレビ局に配属され、報道ドラマの製作に携わったことが関係しているのかもしれません。

　このように、名の通った作家であり、かつ武漢人である方方が、武漢ロックダウンの際、リアルタイムにインターネット上で発表したブログが『武漢日記』です。『武漢日記』は、2020年1月25日から3月24日まで書かれました。ちょうど武漢のロックダウン開始2日後から、封鎖解除が決定した日までにあたります。

　『武漢日記』はブログ連載中から広く人々の関心を集めました。また海外でもすぐに注目され、5月にまず英訳が、次いでドイツ語訳が刊行されました。[(4)] 日本では、飯塚容、渡辺新一による翻訳『武漢日記 封鎖下60日の魂の記録』が、9月に河出書房新社より出版されています。[(5)] 元のブログの発信から半年以内の訳書刊行は、極めて早いと言えます。『武漢日記 封鎖下60日の魂の記録』の「訳者あとがき」に「本書刊行の企画は、「日記」がまだ続いているころに持ち上がった」とあるように、ブログの発表とほぼ同時進行で企画が進まなければ、これほど早く訳

『武漢日記 封鎖下60日の魂の記録』
河出書房新社、2020年

書を刊行することはできなかったでしょう。意義を感じた関係者がアメリカ、ドイツ、日本でスピーディーに動いていたことが察せられます。

『武漢日記』はベテラン作家が武漢のロックダウンにおける自らの体験や所感をリアルタイムに語った貴重な記録ですが、先に述べたように賛否両論を呼び起こしました。海外での出版は、中国国内にネガティブな反応を引き起こした原因のひとつでした。アメリカに中国批判の口実を与えている、デマを海外に伝播している、といった批判がありました。[6]アメリカのトランプ前大統領の「中国ウイルス」発言などを考えれば、中国国内に神経質な反応が起こったのも無理からぬ側面はあるかもしれません。

当時武漢でSNSを使った発信は多くありましたが、国際社会を巻き込んで社会現象にまでなったという点で、方方の『武漢日記』は突出しています。ブログであっても、日々の断片的な発信だけにとどまらず、社会的、倫理的な意思が貫かれているからこそのことと思われます。文学作品に近いものとして読み直すことができるでしょう。

Ⅱ　新型コロナウイルスはどのように認知されていったか

さて、ここで、新型コロナウイルスが、武漢で、中国で、世界で認知されていった過程を、公的機関が出している情報などから整理しておきたいと思います。

日本では、外務省が海外の医療・健康関連情報を公表していますが、感染症に関しては検疫に関わる情報を厚生労働省検疫所（FORTH、https://www.forth.go.jp/index.html）が発信しています。

新型コロナウイルスについて、厚生労働省検疫所は、2020年1月6日に初めて「原因不明の肺炎—中国」という記事を掲載し、WHOが2020年1月5日に発信したDisease Outbreak Newsの概要を伝えました。WHOは「中国の調査チームからの予備的な情報によれば、ヒトからヒトへの伝播の重大な

証拠は認められておらず、医療従事者の感染も報告されていません」とし、「慎重に扱うべき」としながらも、あくまで原因不明であり、はっきり危険性を伝えていませんでした。さらに「WHOは、旅行者向けの特定の対策を推奨していません。（中略）現在入手可能な情報に基づき、中国への渡航や貿易に対していかなる制限も行わないよう勧告します」として、平常の経済活動を維持するよう呼びかけていました。

　翌1月7日の「中国湖北省武漢における原因不明の肺炎の発生（2020年1月）―海外安全情報」は、6日の「原因不明の肺炎―中国」と同じく、WHOの1月5日の声明を紹介するものです。

　1週間後1月14日の「中国の武漢における肺炎の集団発生に関するWHO声明」は、WHOの1月9日の声明 "WHO Statement regarding cluster of pneumonia cases in Wuhan, China" を紹介しています。WHOはこの声明で、中国当局が原因を新しいコロナウイルスであると予備的（preliminary）に決定したことを伝え、武漢への旅行歴がある人の症例を紹介しつつも、あくまで患者によっては重症となりうるものであるとともに人々の間で容易に伝播はしないとの中国当局の見解を踏まえて、「WHOは現在入手可能な情報に基づき、中国への渡航や貿易に対していかなる制限も行わないよう勧告します」と繰り返しました。

　厚生労働省検疫所は引き続きWHOの情報を発信していきます。1月16日「中国における新型コロナウイルスによる肺炎の発生についての国際渡航と貿易に関するWHOの助言」はWHOの1月10日の声明 "International travel and health"、1月20日「新型コロナウイルス―中国」は、WHOの1月12日の声明 "Disease Outbreak News" です。

　1月21日「中国湖北省武漢における新型コロナウイルスによる肺炎の発生―海外安全情報」で、北京、深圳の症例を発表したころには、内部では非公式な情報も蓄積していたのでしょうが、公的な発表としては、武漢人民政府が1月23日午前10時より都市を封鎖すると前日の1月22日に決定したことを伝えた1月23日の記事「中国における新型コロナウイルスの発生（一部地域

の感染症危険レベルの引き上げ）──海外安全情報」が、異常な事態を初めて決定的に知らせたものとなりました。

　このように見てくると、日本の公的な発表は基本的にWHOを介して得られた情報に基づいており、WHOの発表より少し遅れて、日本語で発信していることがわかります。また武漢ロックダウンの情報も、武漢市人民政府の発表に基づいています。深刻な問題を公的に伝えるには、確かな根拠がなければならない以上必然ではありますが、武漢のような大都市がロックダウンされるほどの状況であったにもかかわらず、中国国外から真相を把握するのは難しく、タイムラグがあったと言えます。

　その後新型コロナウイルス感染症は恐るべきパンデミックになったため、当然ながら、武漢や中国の初動の対応を批判する声が、国際的に上がりました。

　これに対して中国は反論しています。2020年6月11日に中華人民共和国駐日本国大使館ホームページに掲載された「中国の初期対応は本当に遅れたのか──中国大使館が時系列発表」（http://jp.china-embassy.gov.cn/jpn/zt/2016boaojp/202006/t20200612_1986258.htm）には、時系列で関連する対応や施策が掲げられており、要点を取り出すと以下のようになります。

2019/12/27　武漢市江漢区疾病制御センターに最初の症例報告があった。

2019/12/30　武漢市衛生健康委員会が緊急通知を出した。

2019/12/31　国家衛生健康委員会工作組が現場調査を行った。

2020/1/1　　国家衛生健康委員会が感染対応処理指導小組を設置した。中国疾病制御センター（CCDC）、中国医学科学院が病原鑑定を進めた。

2020/1/3　　WHO、関係国と地域機構および中国香港マカオ台湾地区に感染情報を通報し始めた。

2020/1/5　　WHOに感染情報を通報、WHOが声明を発表した。

2020/1/7　　習近平中国共産党中央総書記が中央政治局常務委員会会議を招

集した際、原因不明肺炎の予防・抑制への取り組みについて要求を出した。

CCDCが新型コロナウイルスのウイルス株分離に成功した。

2020/1/8 　国家衛生健康委員会専門家評価グループが新型コロナウイルスを感染病源として初歩的に確認した。

2020/1/9 　国家衛生健康委員会専門家評価グループが病原情報を発表し、病原体を新型コロナウイルスと初歩的に判断。WHOが声明を発表した。

2020/1/10 　CCDC、中国科学院武漢ウイルス研究所などの専門機関が検査試薬キットを初歩的に開発した。

2020/1/12 　「原因不明ウイルス性肺炎」の名称を「新型コロナウイルス感染による肺炎」と変更した。

CCDC、中国医学科学院、中国科学院武漢ウイルス研究所が国家衛生健康委員会の指定機関として、WHOに新型コロナウイルスのゲノム配列情報を提出し、グローバル・インフルエンザ情報共有データベース（GISAID）に発表して、全世界で共有した。

　この記事はさらに次のように述べて、中国の対応に不備はなかったと強調しています。

　　中国政府は症例報告を受け取ってから、症例の特徴を初歩的に確定、感染通報と防疫指示を出すまで、計5日かかった。現地にワーキングチームと専門家チームを派遣してから、関連診療プランを発表するまで、計4日かかった。早くも1月3日、中国はWHOおよび関係国への感染通報を始めていた。

　　また中国の科学者は病原鑑定を進めてから、ウイルス株の分離に成功するまで、計7日かかった。ウイルス株の分離に成功してから検査試薬

キットを初歩的に開発するまで計4日かかった。新型コロナウイルスを感染病原と初歩的に確認した翌日、関連の進展をWHOに分かち与えた。早くも1月12日WHOおよび全世界と新型コロナウイルス・ゲノム配列情報を共有していた。このような反応速度が速いかそれとも遅いか、「同僚」である各国の政府と専門家にはそれなりの客観的判断があるはずだと信ずる。

　この記事が掲げる時系列のポイントのひとつに、1月7日に習近平国家主席が取り組みを求めたというものがありますが、報道という観点から見ると、中国共産党の機関誌『人民日報』でも当日は言及されておらず、初めて表立って報じられたのは2月15日、中国共産党の政治理論誌『求是』のホームページにおいてでした[7]。

　では『人民日報』は新型コロナウイルス関連のニュースをどのように報じていたのでしょうか。

　初めて新型コロナウイルス関連の記事が出るのは2020年1月21日で、1面右肩に「習近平が新型コロナウイルス感染による肺炎発生状況に対して重要な指示を出し、人民大衆生命の安全と身体の健康を第一として、断固として疫病蔓延の情勢を抑制せねばならないと強調」という見出しで、前日に習近平国家主席の指示が出たことを、李克強首相の書面指示として伝えました[8]。

　取り扱いが大きくなるのは2020年1月26日で、1面全面に関連記事が掲載され、「中共中央政治局常務委員会が会議を招集　新型コロナウイルス感染による肺炎発生状況の予防と制御について検討　中共中央総書記習近平が会議を主催」という見出しで、1月25日の会議について報道しました[9]。

　『人民日報』の報道から、中国政府が公的に新型コロナウイルスへの対策を取り始めたのは1月20日、総力を挙げて全面的に抑え込みに入ったのが1月25日だと理解できます。

　中国の一連の動きは、WHOの声明とぴったり符号しています。WHOは、中国からの情報に基づいて、世界に向けて迅速に声明を発表していまし

た。日本は、中国発、WHO経由の情報を受け取っていました。世界がまがりなりにもこの感染症の姿をとらえたのは、最初の症例報告から約1ヶ月経った2020年1月末のことでした。

III　専門家の動き

　前節で述べた新型コロナウイルスへの各国、各機関の対応の根拠になっていたのは、専門家による調査です。公的な対応に科学的根拠を与えるものとして、専門家の仕事は、大変重要な意味を持っていました。

　国家衛生健康委員会は武漢に3回専門家チームを送っています。第1陣が2019年12月31日、第2陣が2020年1月8日、第3陣が1月19日です。現在振り返って見ると、第1陣、第2陣は、感染病源の特定、ゲノム情報の提出、その他データの収集に大きな力を注いでいたと言えます。第3陣は公的にヒト－ヒト感染の事実を明らかにし、人々に防御を呼びかけました。

　国際的な医学雑誌である『ランセット』Vol. 395（2020年1月24日発行）には、新型コロナウイルスに関する2本の論文が掲載されています。

　"Clinical features of patients infected with 2019 novel coronavirus in Wuhan, China"[10]は、2020年1月8日に中国の国家衛生健康委員会が武漢に派遣した第2陣の専門家チームのメンバーである武漢市金銀潭医院副院長（当時）黄朝林らによるもので、感染者の医学的データを詳細に提出しています。この論文は、1月30日に修正されており、末尾のDiscussionで、1月24日の時点で死亡者が急増していることを挙げ、ヒト－ヒト感染への注意を喚起しているのは、加筆修正と思われます。

　"A familial cluster of pneumonia associated with the 2019 novel coronavirus indicating person-to-person transmission: a study of a family cluster"[11]は、香港大学深圳医院の医師たちによる論文で、国家衛生健康委員会が2020年1月19日に武漢に派遣した第3陣の専門家チームのメンバーであ

る袁国勇を執筆者に含みます。1月10日から香港大学深圳医院に入院した新型コロナウイルス感染者の感染経路を調べたところ、年末年始に武漢に旅行した家族から、武漢滞在歴のない家族に感染していることが判明しました。かつてSARSの危険性をいち早く察知し、情報発信したことで知られる鍾南山中国工程院院士は、この情報を得ると、袁国勇とともに1月19日武漢に急行し、ヒト-ヒト感染の事実を公表し、防御を呼びかけました。

　新型コロナウイルスに対処するためにゲノム情報を明らかにすることは大変重要でしたから、第1陣、第2陣の専門家の仕事には評価すべきものがあり、中国政府が主張するように、一定の貢献があったと言えます。一方、その後武漢で多数の死者が出て、さらにパンデミックとなったことからすると、もっと早くヒト-ヒト感染への注意を喚起することはできなかったのか、という疑問も出てきます。

　日本でも多くの報道がなされましたが、武漢市中心医院の眼科医李文亮医師は、2019年12月30日に、SARSに似た病気が発生しているとSNSで警告を発していました。患者に直接相対する臨床医の、実際の経験に基づくソフト情報は、実験室で得られるハード情報ではありません。李医師は、虚偽の情報を流したとして処分を受け、引き続き最前線で新型コロナウイルス感染症の治療に従事するよう命じられ、自身も感染して、2020年2月7日、33歳の若さで亡くなりました。

　武漢はロックダウン前に医療崩壊に陥っており、原因不明の病気を前にして、現場には相当の混乱があったと思われます。それでも、李医師に対する処分を擁護することはできません。合理性のない不安に積極的な意味はありませんが、その弊害を過度に恐れて実際に合わない抑圧が行われるのであれば、不合理であるのみならず危険です。その後、李医師の死を悼む人々の声に押されるかのように、中国政府が李医師の功績を認め、李医師に正義の事業のために命を落とした人に与えられる「烈士」の称号を授与したのは、せめてもの慰めでした。

IV　死者を捨て置かない——生粋の武漢人として

　方方の『武漢日記』は2020年1月25日にスタートしました。武漢がロック
ダウンに入って2日後のことです。25日はちょうど旧暦の元旦であり、区切
りとして選ばれたのかもしれません。折しも習近平総書記主宰で行われた中
共中央政治局常務委員会会議の日、中国が総力を挙げて新型コロナウイルス
に対処し始めた日でもありました。

　武漢のロックダウンは2020年1月23日から4月8日までの76日間です。当
初は、特別な理由がない限り、武漢を離れたり、市外から武漢に入ったりす
ることを禁ずる、都市の封鎖でしたが、2月14日からは「社区」の封鎖に踏
み切り、徹底的に人々の動きを止めました。英語のコミュニティの訳語と言
われる社区は、行政単位のひとつで、居民委員会が管轄する居住区域です。
大型マンションの場合は、マンションの区画が封鎖され、自由に出入りがで
きない状態となります。社区の封鎖は非常に強硬な行動制限であり、一口に
ロックダウンと言っても、社区封鎖の以前と以降では位相が異なります。

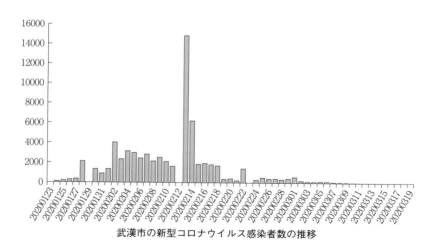

武漢市の新型コロナウイルス感染者数の推移

　インターネット上で一般に見ることのできる、ジョン・ホプキンス大学のデータでは、ロックダウン中の武漢の新型コロナウイルス感染者数は、左記のように推移しています。2月13日に最大の1万4840人となり、結果的にこれをピークとして終息していきました。中国政府は2月13日、湖北省および武漢市の幹部を更迭しています。武漢はここから、都市封鎖をしのぐ社区封鎖という手段で、より徹底して新型コロナウイルスに向き合い、ついに制圧しました。

　方方の『武漢日記』も2月14日の社区封鎖を転換点として、社区封鎖まで、社区封鎖以降の2つに分けて読むことができます。

　社区封鎖まで、方方は、官僚を留保の余地なく否定しているわけではありません。「政府が初期の対応をいくら誤ったとは言え、いまは政府を信じるしかない。やはり彼らを信頼したい」（2月4日）と述べていますし、特に国家レベルの施策は率直に評価しています。具体的には、緊急に建設された火神山医院、雷神山医院に関するニュースを「見るべきものがある」（2月5日）とし、解放軍を「軍がやってきてから、武漢は明らかに効率がよくなった。このやり方は軍人ならではの決断力があり、極めて明瞭、整然としている。私はこのやり方に期待する」（2月5日）と称賛し、他の省から湖北省に来た医療スタッフにも「ついに援軍が来てくれた。しかも大量の援軍だ。余裕を取り戻したのは医療スタッフだけでなく、すべての武漢市民がホッとして大きく深呼吸している。疲れ果てて、もう働けなくなっていた当地の医者は、ようやくひと息入れることができた」（2月10日）と手放しで喜びの声を上げました。湖北省および武漢市の幹部が更迭された2月13日には、「はっきりと感じることができるのは、政府の措置がだんだんと明確になったこと、そして徐々に人にやさしくなってきたことだ」「人々は言っている。私たちはまだ頑張れる。私たちは政府を信じている」と、政府を評価する言葉も記しています。

　方方が目を向けているのは死者たちです。「今日見た動画で、いちばん忍びなかったのは、霊柩車を追いかけて泣き叫ぶ少女の映像だった。お母さん

が死んで、車で運ばれて行く。少女は見送ることもできないのだ。今後、遺骨の行方もわからなくなるかもしれない」（2月2日）、「ここ数日、死者との距離が縮まってきている気がする。隣人の従妹が死んだ。知り合いの弟が死んだ。友人の両親と妻が死に、その後、本人も死んだ。泣くに泣けない」（2月9日）など、いたたまれない例を多数挙げています。李文亮医師の死に対しても、2月7日に「深い闇夜に、李文亮は一束の光になった」と題して、深い悲しみと憤りを表明しました。

　これらの情報源は、方方の直接の知り合いである人々およびその家族の動向、友人からの情報、インターネット上の動画などであったと読み取れます。つまり『武漢日記』は、後日綿密な調査をして書き上げられた作品ではなく、リアルタイムで流れ込んでくる情報をそのまま受け取って瞬時に書かれたものであり、その点では一般的な意味での文学作品とは異なります。

　方方は「私の記憶はこの街に深く根付いており、幼少期から現在までに知り合った武漢人としっかり結びついている。私は生粋の武漢人だ」（2月11日）と述べています。彼女にとって、身近な人を含む多くの人の死は他人事でなく、日々流れてくるインターネット上の情報さえも、リアルに感じられ、プライベートな領域に入り込んでいたのではないかと思います。方方はもともと、個人が、自分ではいかんともしがたい流れの中で、悲惨な運命を引き受ける姿を描く作家です。その彼女が、小説などの創作のために体験を整理していくのではなく、ブログで瞬時に発信したのは、大勢の人が矢継ぎ早に死んでいく状況を前にして、そのまま捨て置けなかったこと、それらの人々の生と死に光を当てようとしたからにほかならないでしょう。

　そのような過程で、方方が非難の矛先を向けたのは、ヒト─ヒト感染はない、予防も制御もできるとの見解を出した、第2陣の専門家チームでした。特に、第2陣専門家チームのメンバーで、自身も武漢で新型コロナウイルスに感染した北京大学第一医院の王広発医師が、1月31日のインタビューでも非を認めなかったことに、疑問を呈します（2月1日）。方方の考えは、2月4日に書かれた次のような言葉に集約されています。

多くの人がいま初めて、はっきり目を覚ました。つまり、我が国はすごいぞと空しく叫んでも意味がないことを知ったのだ。また、毎日政治学習で意味のない話をするだけで、具体的なことは何一つできない幹部は使い物にならない（私たちは以前彼らのことを「口先労働者」と呼んでいた）ことも知った。さらに、ある社会が常識に欠け、事実に基づいて正しさを求めないと、口先で害を与えるだけでなく、現実に死者を出すことも知った。その上、死者は非常に多いのだ。この教訓は深刻であり、じつに重い。

さて、2月13日に湖北省と武漢市の幹部は更迭され、14日から武漢は社区封鎖に入りました。社区封鎖後、方方は、引き続き死者の情報を発信しながら、李文亮医師の勤務先であった武漢市中心医院の幹部や、湖北省、武漢市の政策決定者の責任を追及していきます。社区封鎖前と違って対決姿勢が濃厚で、ほとんど糾弾という趣を呈していきます。

　方方が戦闘的になっていったのは、2月15日にブロガー項立剛から「デマを振りまいている」と断罪され、その後多くの非難を受けるようになったこととも関係していると思われます。方方によれば、項立剛は自身のブログ「飛象網項立剛」で、方方が2月13日に書いた、火葬場の外一面に捨てられた持ち主のいなくなったスマホの写真に胸を痛めたという記事を引用し、インターネット上に出回っているスマホの写真を貼り付けた上で、その写真は方方本人が貼り付けたものであり、方方はデマを振りまいていると断罪したということです（2月15日）。これに対して方方は「私の日記は一貫して文字だけで、写真など載せたことはない」（同前）と反論しています。どちらのブログも現在は見ることができませんが、方方にうそをつく必然性はないように思われます。ともあれ、このときから方方は、彼女が「極左」と呼ぶ保守的な書き手から、激しくバッシングを受けるようになりました。

　方方は、ブログでは、若者のボランティアや社区ごとの共同購入を称賛し、社区封鎖をすぐれた施策として、明るく描写していますが、「私がどん

なに理性的でも、耐えられないときはある。私より理性的でない人は、なおさらだろう」（2月11日）と、封鎖の苦しさも吐露しています。武漢の人々が、長期間自宅から外に出られないストレスを抱えつつ、先が見通せず、引き続き死者も出ている状況で、鬱々とした心理状態にあったろうことをうかがわせます。

　そういう中で方方は、明らかに非があると思われる人々を激しく糾弾しました。これをいわゆる党中央、つまり共産党政権そのものへの批判と見るのはいささか無理があると思われます。新型コロナウイルス感染症という異例の非常事態に対して、実際に何がどこまで可能であったのか、簡単に断ずることはできず、方方の非難をすべて正当とは言い切れないかもしれませんが、方方は具体的な事柄に責任を有していた人の職務義務について問うているに過ぎません。その行動の背後に、生粋の武漢人を自認し、武漢との紐帯を強く意識している方方にとっての身内、すなわち武漢人の、膨大な数の悲壮な死があったことを思えば、理にかなった主張と言えるのではないでしょうか。

おわりに

　『武漢日記』の後半は、方方が「極左」と呼ぶ、彼女への批判者との応酬にかなりの筆墨が費やされています。方方への批判者たちが本当にイデオロギー的に「極左」であったかどうかは検証しようがありませんが、インターネット上に現れた方方への批判が大量で、大規模であったことからすると、保守派だけでなく、より広範な人々が彼女に反感を抱いていたのではないかと思われます。

　方方は、前述のように、『武漢日記』で、第2陣の専門家チーム、武漢市中心医院の幹部、湖北省、武漢市の政策決定者らを厳しく批判しました。方方の筆致はなかなか攻撃的で、例えば「職を汚した者たちを一人として許してはいけない（那些渎职者，一个也不寛恕，一个也不放过）」（1月29日）のよう

な、激しい言葉遣いが見られます。「一人として許してはいけない（一个也不宽恕）」は、魯迅の雑文「死」の中にある「彼らを恨ませておけ、私の方でも一人として許しはしない（让他们怨恨去，我也一个都不宽恕）」を踏まえた表現と思われます。方方は魯迅を敬愛し、魯迅を自身の理想と考えており、この表現には、魯迅精神を継承しようという方方の姿勢が表れているのかもしれません。

しかし、魯迅のこの言葉を毛沢東も好んでいたという事実は意味深長です。「一人として許してはいけない」と語った方方は、皮肉なことに、まるで自身の言葉を逆手にとられたかのように、「極左」に叩きのめされ、許容されませんでした。一連の激しい、余地のない応酬には、文化大革命で毛沢東に忠誠を誓った紅衛兵が繰り広げた闘いを連想させるものがあります。

不合理に立ち向かって、身内である武漢人のために、言うべきことを言おうとした方方の言葉は、中国社会で必ずしも好意的に受け取られませんでした。『武漢日記』が中国国外で出版され、注目されたために、中国の一定数の人々が、身内の恥を外に漏らしたと憤ったというのは、感情的な筋道を理解できます。しかしながら、『武漢日記』の、特に前半部分に見られる、犠牲者に光を当て、社会に生じた不合理を解消しようという姿勢をも否定し去ってしまうのであれば、いささか残念なことではないでしょうか。そこには、納得しがたい現実を前にしたとき、現状を打開し突破していくために人間が取りうるひとつの姿勢が認められると思うからです。

注
（1）　『当代作家』1987年第5期初出。
（2）　『十月』2013年第2期初出。
（3）　『当代・長篇小説選刊』2016年第3期初出。人民文学出版社、2016年8月出版。邦訳に、方方著、渡辺新一訳『柩のない埋葬』河出書房新社、2022年4月27日。
（4）　英訳はMichael Berry, "Wuhan Diary: Dispatches from a Quarantined City", HarperVia, 2020年5月15日。当初副題は "Dispatches from the Original

Epicenter"とされる予定だったが変更された。ドイツ語訳はMichael Kahn-Ackermann, "Wuhan Diary: Tagebuch aus einer gesperrten Stadt", Hoffmann und Campe Verlag, 2020年5月30日。

（5）　方方著、飯塚容・渡辺新一訳『武漢日記 封鎖下60日の魂の記録』河出書房新社、2020年9月30日。以下訳文は同書による。

（6）　馬場公彦「共感を呼び称賛された『武漢日記』が一転、海外版の翻訳出版で批判と中傷に晒されたわけ」2020年4月27日 https://hon.jp/news/1.0/0/29405。

（7）　早川真『ドキュメント武漢 新型コロナウイルス 封鎖都市で何が起きていたか』（平凡社、2020年8月4日）参照。著者は共同通信記者。

（8）　『人民日報』2020年1月21日「習近平対新型冠状病毒感染的肺炎疫情作出重要指示 強調要把人民群衆生命安全和身体健康放在第一位 堅決遏制疫情蔓延勢頭 李克強作出批示」。

（9）　『人民日報』2020年1月26日「中共中央政治局常務委員会招開会議 研究新型冠状病毒感染的肺炎疫情防控工作 中共中央総書記習近平主持会議」。

（10）　Chaolin Huang, Yeming Wang, Xingwang Li, Lili Ren, Jianping Zhao, Yi Hu, Li Zhang, Guohui Fan, Jiuyang Xu, Xiaoying Gu, Zhenshun Cheng, Ting Yu, Jiaan Xia, Yuan Wei, Wenjuan Wu, Xuelei Xie, Wen Yin, Hui Li, Min Liu, Yan Xiao, Hong Gao, Li Guo, Jungang Xie, Guangfa Wang, Rongmeng Jiang, Zhancheng Gao, Qi Jin, Jianwei Wang, Bin Cao, "Clinical features of patients infected with 2019 novel coronavirus in Wuhan, China", *The Lancet*, Vol. 395, No. 10223, pp.497–506, Published: January 24, 2020, https://www.thelancet.com/article/S0140-6736(20)30183-5/fulltext.

（11）　Jasper Fuk-Woo Chan, Shuofeng Yuan, Kin-Hang Kok, Kelvin Kai-Wang To, Hin Chu, Jin Yang, Fanfan Xing, Jieling Liu, Cyril Chik-Yan Yip, Rosana Wing-Shan Poon, Hoi-Wah Tsoi, Simon Kam-Fai Lo, Kwok-Hung Chan, Vincent Kwok-Man Poon, Wan-Mui Chan, Jonathan Daniel Ip, Jian-Piao Cai, Vincent Chi-Chung Cheng, Honglin Chen, Christopher Kim-Ming Hui, Kwok-Yung Yuen, "A familial cluster of pneumonia associated with the 2019 novel coronavirus indicating person-to-person transmission: a study of a family cluster", *The Lancet*, Vol. 395, No. 10223, pp. 514–523, Published: January 24, 2020, https://www.thelancet.com/article/S0140-6736(20)30154-9/fulltext.

第2章

歴史の中から合理性を探る

医三世ならざれば、其の薬を服さず

——経書の解釈における合理性

中嶋　諒

はじめに

　現代に生きる私たちが、古代と現代ではどちらが暮らしやすいかと問われれば、多くの人は現代だと答えることでしょう。医学が未発達な古代では、いまでは助かる命もたくさん失われていましたし、また人権という概念がなかった古代には、いまよりもっと差別や暴力があふれていました。また携帯電話やパソコンなどの文明の利器がなければ、もはやいまのような便利な生活は成り立たないことでしょう。けれども数百年、あるいは千数百年前の中国の人々は、多くの場合、彼らが生きた時代よりも、さらにむかしの古代の方が暮らしやすかったと考えていました。なぜなら、はるか古代の中国では、「聖人」とよばれるすばらしい帝王たちによる理想的な政治が行われていたと信じられていたからです。

　中国の伝説上の時代には、堯や舜というすばらしい帝王がいたとされ、彼らは聖人の代名詞として、長きにわたり尊ばれてきました。またはるか古代の夏王朝を建てた禹王、殷王朝を建てた湯王、周王朝を建てた武王なども、聖人と見なされました。けれども周王朝が衰退し、戦乱の世となると、その後に聖人が帝王となることはありませんでした。ですからかつては、聖人がいなくなった現代よりも、聖人がまだ存在していた古代の方が、よりよい時代であったと信じられていたのです。

　ところでこのような古代の聖人たちの足跡は、どのようにして知ることができるのでしょうか。その手がかりとなるのが、経書とよばれるいくつかの書物です。例えば経書の一つである『尚書』には、堯や舜、禹王のことばや

行動が記されています。また同じく経書の一つである『毛詩』には、古代のすぐれた文化風俗のもと、人々にうたわれた歌謡が収められています。けれどもこれらの書物はとても難解で、そう簡単には読み解くことはできません。そこで歴代多くの人々が、経書の文字やことば、文章の意味について、たくさんの注釈をつけて、正確に読む努力をしてきました。それはまさしく、聖人たちが治めたすばらしい時代を、いまに蘇らせるための必須の作業でもあったのです。

　この論文では、経書の一つである『礼記』という書物に注目します。『礼記』は古代の礼儀作法について記された書物で、その冒頭の曲礼篇を中心に、立ち居振る舞いにかんする、こと細かな決まりごとが載せられています。もちろんこの短い論文の中で、そのすべてを論じることはできませんので、そのうちこれまで多くの学者たちによって、さまざま個性的な注釈がほどこされてきた「医三世ならざれば、其の薬を服さず」という一節を取り上げてみたいと思います。

Ⅰ　孔穎達の解釈

　唐代のはじめ、太宗皇帝（在位・626～649）は、当時より有名であった大学者、孔穎達（574～648）に『五経正義』をまとめさせました。これはこれまでの学者たちの経書の注釈を取捨選択し、また孔穎達自身の解釈もつけ加えた、まさに経書解釈の決定版といえるものでした。その後も多くの学者たちにより、経書はさまざまに解釈されていきますが、この『五経正義』は、

像　達　仲　孔

孔穎達（『三才図会』より）

引き続き、長く読まれ続けました。

　それではまずは、前提となる『礼記』曲礼篇の「医三世ならざれば、其の薬を服さず」にあたる箇所の現代語訳をあげておきましょう。

　　　君主がご病気で薬をお飲みになるときには、まず臣下が少し舐めてみます。親が病気で薬を飲むときには、まず子どもが少し舐めてみます。医者が「三世」でないときには、その薬を服用しません。

（『礼記』曲礼下）

　これに対して、孔穎達は以下のように解釈しています。

　　　人はみな病気のときには、力が入らず血行も悪くなります。だから薬を飲んで治療するのです。しかし薬は成分に注意しなければ、決して効き目はないでしょう。だから必ず用心して、父から子へと受け継いで、「三世」に至っている者を選ぶのです。これは調合された薬に注意するということです。

（『礼記正義』曲礼下・疏）

　まず『礼記』では、君主や親が病気のとき、薬を服用させるにあたっては、はじめに臣下や子どもが少し舐めてみるのだといいます。いまでも薬は副作用を引き起こすことがありますが、むかしは現代ほど医学が発達していなかったわけですから、とき

『礼記正義』

49

に劇薬や毒薬を処方されることもあったのでしょう。ですので、君主を大切にする臣下、親を大切にする子どもであれば、まずは自分がその薬を舐めてみる、つまりは毒味をしてみるべきだというのです。

　続いて後半ですが、医者が「三世」でなければ、薬を処方されても、それを服用しないとあります。この「三世」とは、一体どういうことなのでしょうか。これについては孔穎達の解釈が参考になります。すなわち孔穎達は「父から子へと受け継いで、三世に至っている者」といっていますので、「三世」とは、親から子へ、そして子から孫へと3世代続いている由緒正しい医者の家系ということになるでしょう。あるいは「三」という字は、「再三（何度も）」という意味でも使われます。ですので、親から子、子から孫という3世代という意味で限定されているわけではなく、先祖代々、何世代もということなのかもしれません。

　ただいずれにせよ孔穎達は、代々医業を営む家系の医者でなければ、薬を処方されても服用すべきでないと解釈したのです。医者というのは、経験がものをいう職業です。そして「門前の小僧、習わぬ経を読む」ということわざがあるように、人は幼いころから、身近な大人のはたらきぶりを観察するものです。現代のように国家試験や国家資格といったものがなかった時代には、代々医業を営んでいる家系に生まれ、幼い頃から、身内が医師としてはたらく姿を目にする機会のあった者でなければ信用しないというのは、まさに我が身を守る生活の知恵であったのかもしれません。

II　『春秋』とのかかわり

　さて以上で、「医三世ならざれば、其の薬を服さず」にかんする孔穎達の解釈を見てきました。ここで論じておきたいのは、孔穎達がこの『礼記』の一節を、さらに他の経書の解釈に生かしていこうとしたことです。それは具体的には、『春秋』という経書の中に見える「許の世子止、其の君買を弑す」

という一文の解釈にあたります。

　『春秋』というのは、古代の歴史書で、儒教の創始者である孔子がまとめたものだと伝えられています。この書物は、一見すると無味乾燥な事実の羅列に見えますが、実はそこには孔子の毀誉褒貶（ほめたり、けなしたりすること）が込められており、それが微妙なことばづかいとして表れているのだといいます。

　例えば「許の世子止、其の君買を弑す」の一文に見える「弑」という文字は、大まかにいえば、殺すという意味ですが、とりわけ子どもが父親を、もしくは臣下が君主を殺したときに、それを非難して用いるものなのです。すなわち目下の者が、尊敬すべき目上の者を殺してしまう、ということです。したがって、この一文の意味は「許の国の皇太子であった止が、その国の王であり父であった悼公を殺害した」となりますが、そこには「何とひどいことであろうか」といったニュアンスが含まれているわけです。

　なおこの悼公殺害の経緯については、左丘明という人物が著したとされる『春秋左氏伝』に詳しくまとめられています。この左丘明は、真偽のほどは分かりませんが、孔子の弟子であったとも伝えられています。

　　　許の悼公（名は買）がおこり病（マラリア）にかかりました。そこで皇
　　太子の止がすすめた薬を飲んだところ、亡くなってしまいました。そこ
　　で皇太子の止は、晋へ亡命したのです。だから『春秋』には、「弑す」
　　とあるのです。
　　　　　　　　　　　　　　　　　　　　　　　　（『春秋左氏伝』昭公19年）

　ここから止は、悪意をもって悼公を殺害したわけではなかったことが分かります。むしろ事実としては、悼公の病気を治療するために、よかれと思って薬をすすめたが、不運にもその薬が悼公には合わず、中毒死させてしまったということのようです。結果として、止は悼公を毒殺してしまったわけですが、これは果たして非難されるべきことなのでしょうか。この難題に対して、孔穎達は、以下のように答えることとなります。

実際には、親を殺害したわけではないのに、「弑」という字が使われているのは、止が父である悼公に、薬を与えてしまったことを非難しているのです。薬は医者に任せるべきであって、勝手に投与すべきではないからです。『春秋釈例』という書物には、次のようにあります。「『礼記』に「医者が「三世」でないときには、その薬を服用しません」とありますが、これは古代の人々が用心していたということです。親孝行な子どもは、一生懸命お祈りをするだけで、薬を調合することはありません。止は、許の国のお世継ぎの身であったのですから、その許の国に医者が一人もいなかったはずはありません。それなのに（医者に頼まずに）軽率に薬をすすめてしまったのですから、その罪は、親を殺害したのと同じなのです」。
（『春秋左伝正義』昭公19年）

　結論としては、孔穎達は、止は非難されるべきだと考えます。そしてその根拠として、杜預（222～284）という人物が著した『春秋釈例』という書物を参照しながら、『礼記』の「医三世ならざれば、其の薬を服さず」の一節を持ち出してくるのです。
　つまり薬を調合できるのは、代々医業を営む家系の医者のみであり、医学については素人にすぎない止ができることは、ただ父の悼公の病状がよくなるよう祈ることだけだったのです。また許の国の皇太子という身分であれば、その国の優秀な医者を呼び寄せることもできたはずです。それにもかかわらず、自ら薬を調合するとは、父に適切な医療をほどこさず、殺害したも同然であるとされたのです。このように孔穎達は、まさに『礼記』の「医三世ならざれば、其の薬を服さず」の一節をもとに、『春秋』で止が悼公を「弑す」と記してあることの理由を説明しているのです。これは、さまざまな経書に通じた孔穎達ならではの解釈だといえるでしょう。
　またこの孔穎達と同様の解釈は、南宋の楊簡（1141～1226）という学者も踏襲しています。楊簡は、本書の第4章「中国を学ぶための合理的な方法──孟子と荀子、陸九淵と朱熹を手がかりに」で取り上げる陸九淵（1139～

1192）の弟子にあたる人物です。

　　『礼記』には、「医者が「三世」でないときには、その薬を服用しませ
　ん」や、「君主がご病気で薬をお飲みになるときには、まず臣下が少し
　舐めてみます。親が病気で薬を飲むときには、まず子どもが少し舐めて
　みます」とあります。許の国のお世継ぎであった止は、慎むことも敬う
　こともせず、軽率に（父であり君主である悼公に）薬をすすめて、大きな
　わざわいを招いてしまいました。その後亡命して、皇太子の地位をすて
　て、その年のうちに亡くなってしまったことは、止の後悔の気持ちを十
　分に明らかにしていますが、『春秋』ではやはり「弑す」という汚名を
　着せて、道理を明らかにしているのです。　　（『慈湖遺書』巻9、「論春秋」）

　このように『礼記』の「医三世ならざれば、其の薬を服さず」の一節をも
とに、悼公殺害の経緯を説明する孔穎達の解釈は、後世においても、一定の
支持を得ていたということができるでしょう。

Ⅲ　「三世」は、3世代か？

　以上のように、代々医業を営む家系の医者でなければ、その薬を服用しな
いというのは、なるほど古代の人々の知恵だということができるでしょう。
しかし、代々医業を営む家系でなくても、優秀な医者はいるでしょうし、逆
にそうであっても、残念ながら、あまり優秀でない医者もいるのではないで
しょうか。
　ここではまず、北宋の方慤（生没年不詳、11～12世紀の人）という学者の解
釈を見てみたいと思います。方慤は、「三世」を3世代続く家系の医者と解
釈するのですが、必ずしもそれにこだわる必要はないというのです。以下
は、南宋の中頃に、衛湜という人物によってまとめられた、『礼記集説』と

いう書物の中に引用されている方慤のことばです。

　　そもそも医者の家系の者でなくても、その者が医業を会得しているのであれば、「三世（3代続いた家系）」に及ばなくても診察してもらいます。『周礼』では、（「三世」かどうかは問題とせず）「十全（10回診察すれば、10回成功する）」の医者を最上としています。一方で、正しく医業を受け継いでいないのであれば、「三世」に及んでいても、診察してはもらいません。だから孔子は、「つねに心がどっしりしている者でなければ、巫祝（まじない師）や医師になることはできない」というのです。

（『礼記集説』巻8）

　ここで方慤は、『周礼』という経書の一文を引用しています。これは古代の周王朝の行政組織について記された書物であり、そこには当時の医者について、次のようにあるのです。

　　医者は、10回診察すれば10回成功する者が最上で、10回に1回失敗する者がその次で、10回に2回失敗する者がその次で、10回に3回失敗する者がその次で、10回に4回失敗する者は最低です。

（『周礼』天官・医師）

　大したことはいわれていないように思われるかもしれませんが、ここで重要なのは、医者の評価が、診察のうでのみでなされているということです。逆にいえば、代々医業を営む家系であるかどうかは、まったく評価の対象にはされていないのです。だから方慤は、この『周礼』の一文を手がかりに、3世代続く家柄の医者でなくとも、うでがたしかであれば診察してもらうし、逆に3世代続く家柄の医者であっても、うでが悪ければ診察してもらわないと、柔軟な解釈をほどこします。

　また方慤は、『論語』子路篇に見える「つねに心がどっしりしている者で

なければ、巫祝（まじない師）や医師になることはできない」という一文も引用しています。当時においては、巫祝も医師も、病気の治療にたずさわるスペシャリストと位置づけられていました。そして彼らに求められるのは、あくまで本人の心が安定しているかどうかなのです。心が落ち着かず、おろおろしている者に、病気を診てもらいたい人などいないでしょう。ここでは代々医業を営む家系かどうかは問題とされていません。方慤はこの孔子のことばを根拠に、医者に家柄を求めすぎることに、疑問を投げかけているのだといえるでしょう。

　さらに江戸時代の儒者であり、本草学者（薬物学者）でもあった貝原益軒（1630〜1714）は、方慤以上に大胆な説をとなえて、「三代」を3世代続く家系の医者と解釈することへの見直しをはかります。例えば貝原益軒は、その主著である『養生訓』の中で、次のように述べています。

　　　医者は「三世（3代続いた家系）」がよいと、『礼記』にあります。医者に子や孫がおり、生まれながらに才能があれば、代々家業として継承していくのがよいでしょう。けれどもこのようなケースは、めったにありません。「三世」とは、父から子、子から孫へというだけでなく、師から弟子、弟子から孫弟子へと、その技能を細かに伝えることもいいます。『礼記』の説は、こういうことなのです。もし才能がなければ、医者の子であっても、医業をやらせるのではなく、他のことをやらせるべきです。不得意な技能を家業とするべきではないのです。

　　　　　　　　　　　　　　　　　　　　　　　　　（『養生訓』択医）

　貝原益軒は、代々医業を営む家系に生まれたからといって、その子どもや孫が優秀であるケースなどめったにないといいます。めったにないとまでいえるかどうかは分かりませんが、いくら医者の家系に生まれたからといって、やはり向いていない子どもはいるでしょうし、もっと別のことをやりたいという子どももいることでしょう。

そこで貝原益軒は、「三世」を親から子、子から孫へというのみならず、さらに広げて解釈していきます。すなわち師匠から弟子へ、弟子から孫弟子へと継承されたものも「三世」と見なすのです。つまり血縁の中で代々医学を継承した者だけでなく、師弟という形で医学を継承してきた者も、積極的に評価していこうとするのです。

　このような解釈は、医者の家系に生まれなかった者が、医学を志す道をひらくことにつながるでしょう。なぜなら「三世」を、血縁関係における3世代とのみ考えるならば、医者の家系に生まれなかった者は、どれだけ努力しても、すぐれた医者とは見なされません。けれども「三世」を、師弟関係にまで広げて考えるならば、医者の家系に生まれなくとも、しかるべき師につき医学を学べば、能力次第で評価される可能性があるからです。

　また医者の家系に生まれたものの、才能に恵まれなかった者を、無理やり医学の道にしばりつけることもなくなります。資質のない者が医者となれば、患者が不利益をこうむるばかりでなく、その医者自身にとっても不幸なこととなるでしょう。それならば、はじめから別の道を志してもらったほうがよいということになります。このように貝原益軒は、「医三世ならざれば、其の薬を服さず」の一節について、現実の状況に即した、きわめて合理的な解釈をほどこしたのだということができるでしょう。

Ⅳ　「三世」は、3つの医学書か？

　以上、方愨と貝原益軒の解釈を確認してきました。そのうち方愨は、必ずしも「三世」ということばにこだわらず、3世代に至らなくとも、優秀な医師であれば評価するという立場を取りました。一方で貝原益軒は、「三世」を親から子、子から孫へという血縁関係のみに限定せず、師から弟子へ、弟子から孫弟子へという師弟関係にまで広げて解釈しました。要するに彼らは、たとえ医者の家系に生まれなかった者であっても、能力次第で評価され

る道をひらこうとしたのだといえるでしょう。

　さてこのような姿勢は、実のところ、すでに孔穎達からもうかがえるもの
でした。孔穎達の解釈は先に引用しましたが、また『礼記正義』には、あわ
せて以下のような説も取り上げているのです。

　　　また次のような説もあります。「三世」とは、1つ目が『黄帝針灸』、
　　　2つ目が『神農本草』、3つ目が『素女脈訣（そじょみゃくけつ）』のことです。また（『素女脈
　　　訣』ではなく）『夫子脈訣』のことだともいわれています。この3つの書
　　　物に通じた者が調合したのでなければ、その薬を服用してはいけません。

　　　　　　　　　　　　　　　　　　　　　　（『礼記正義』曲礼下・疏）

　ここでは「三世」が、『黄帝針灸』『神農本草』『素女脈訣』（あるいは『夫
子脈訣』）という、3つの医学書だという大胆な解釈がなされています。この
ような解釈は、これまでこの論文で取り上げてきたものとは、まったく異な
るものだといえるでしょう。

　『黄帝針灸』とは、中国最古の医学書といわれる『黄帝内経（だいけい）』の前半部に
あたり、経穴（ツボ）や刺鍼（はり）などについて、体系的に説かれた書で
す。また『神農本草』は、中国最古の本草学（薬物学）の書であり、個々の
生薬の効用について説かれています。『素女脈訣』や『夫子脈訣』は、詳細
は分かりませんが、書名から考えると、脈診（患者の脈に触れて、病状を診察
すること）について説かれた書であると思われます。これらはあるいは診察
の方法、あるいは薬の知識、あるいは治療（はりやツボ）の仕方について説
かれた、中国古代の重要な医学書であるということができます。そして医学
に志す者は、これら3つの医学書に通じていなければならないというのです。

　さてこのような解釈にもとづくならば、代々医者の家系であるかどうかな
ど、医師本人の評価とは何ら関係ないということになります。よく医学書を
学び、その内容を理解しているかどうかがもっとも重要なのであり、家柄や
師弟関係などは問題とされないのです。

ただ「三世」を3つの医学書と解釈することは、ことばの意味や用例など
から考えても、かなり無理があると思われます。しかしあえて孔穎達が、こ
の大胆な説を『礼記正義』に残したのは、孔穎達自身もまた、家柄よりも医
師本人の努力や能力を尊重する立場を認めていたということかもしれません。
　ところで後世において、この大胆な説を熱烈に支持した者がいました。そ
れが、元王朝の末から明王朝のはじめに活躍した宋濂（1310～1381）という
人物です。最後にこの宋濂のことばを紹介しておきましょう。

> 　古代の医者は、必ず「三世」の書物に通じていました。その1つ目は
> 『黄帝針灸』、2つ目は『神農本草』、3つ目は『素女脈訣』のことです。
> 『素女脈訣』は察証（病気の原因を明らかにすること）、『神農本草』は弁薬
> （薬の効き目の違いを理解すること）、『黄帝針灸』は祛疾（病気の治し方を知
> ること）について書かれています。この3つの書物に通じていなけれ
> ば、医者だということはできません。だから『礼記』には、「医三世な
> らざれば、其の薬を服さず（医者が3つの書物に通じていないときには、その
> 薬を服用しません）」とあるのです。『礼記』の（孔穎達の）注釈にも、す
> でにこの説が載せられています。この説を間違いだと退けて、親から子
> へ、子から孫へと3世代継承することだと解釈するのは、何というでた
> らめでしょうか。そもそも医学の道は、深い知識ととっさの判断が求め
> られるものです。これらは親から子へと、必ず伝えられるものではない
> のです。
>
> （『宋学士全集』巻9、「贈医師葛某序」）

　ここで宋濂は、「三世」を3つの医学書とする説こそが正しいと断言しま
す。そして親から子へ、子から孫へと3世代継承するという説を間違いであ
ると切り捨てます。そもそも医学とは、深い知識ととっさの判断が求められ
るものなのです。それは親から教えてもらうものではなく、医学書を手がか
りに、自分自身で身につけていく他はないのです。
　『礼記』の「医三世ならざれば、其の薬を服さず」の「三世」は、3世代

と解釈するのが、ことばの意味や用例から考えると、穏当であるように思われます。しかし宋濂は、以上のような立場から、孔穎達が引用した大胆な説を強く支持することとなったのです。

おわりに

　この論文では、『礼記』曲礼篇の一節である「医三世ならざれば、其の薬を服さず」に対する、さまざまな説を紹介してきました。このように経書には、これだけが正解という、絶対唯一の解釈があるわけではありません。中国のはるか古代に著された経書には、数千数百年の間、中国だけでなく、日本や韓国・朝鮮、ベトナムなど東アジア諸国において、無数の説が生み出されてきました(2)。そしてこれらの中には、現代に生きる私たちも、思わず納得してしまうような合理的な解釈も見られるのです。

　この論文で取り上げた『礼記』曲礼篇の「医三世ならざれば、其の薬を服さず」という一節は、経書全体から見れば、ほんの一部でしかありません。しかしこの一節にすら、以上であげたような、さまざまな個性的な注釈が、数多く見られるのです。経書に対する注釈は、まさに東アジアの先人たちの知の集積といえるのではないでしょうか。そしてこれらのあまたの注釈を読み解くことは、東アジアの先人たちの思考をたどる壮大な旅であるともいえるでしょう。

注

（1）　経書については、野間文史『五経入門——中国古典の世界』（研文出版、2014年）が、もっとも基本的で分かりやすいものです。また同じく野間文史「経書略説——五経を中心にして」（二松學舎大学文学部中国文学科編『改訂新版　中国学入門——中国古典を学ぶための13章』勉誠出版、2017年）も、経書のエッセンスが簡潔にまとめられたもので参考になります。また経書の注釈については、古勝隆一『中国注疏講義——経書の巻』（法藏館、2022年）が、

実践的で理解しやすいものです。

（2）　中国、日本、韓国・朝鮮において、歴史上、数多くの経書解釈が生み出され
てきたことはよく知られていますが、ベトナムにおいても、数は少ないもの
の経書の注釈書は著されてきたといいます。例えば、佐藤トゥイウェンは、「ベ
トナムの儒者が経典の評論や注釈に焦点を当てず、経書の注釈書を著わした
者が少ないことは否定できない」や、「資料の不足などが原因で、中国と比
べるとレベル的にかなりの限界があった」などといったん認めたうえで、そ
れでも「ベトナムに「経学」の著作が全くないわけではない」と指摘し、ベ
トナムの経学者、及びその著作をいくつか紹介しています（『ベトナムにお
ける「二十四孝」の研究』東方書店、2017年、4〜9頁）。

清代女性天文学者王貞儀

—— 真理を探究する女性の道

夏　雨

はじめに

　近年天文学への注目度が高まりつつあります。2020年のノーベル物理学賞を受賞したロジャー・ペンローズ、ラインハルト・ゲンツェル、アンドレア・ゲッズは皆天文学者で、2021年のノーベル物理学賞受賞者のうち、ジョルジョ・パリージも天文学者です。受賞者のうち、アンドレア・ゲッズは女性です。我々現代人にとって、女性が天文学研究に従事すること、いや、どの科学分野で研究成果を上げても、それほど驚嘆することではなくなりました。しかし、200〜300年前の中国では、天文学を研究するどころか、文字を読むことすら、女性にとっては非常に贅沢なことでした。そうした状況に置かれても、なお積極的に知識を身に付け、科学研究を志し、そして一定の成果を上げた女性もいました。中国の清代に生きた王貞儀がそのうちの一人です。

　近年、王貞儀は次第に脚光を浴び始め、『世界を変えた50人の女性科学者たち』（レイチェル・イグノトフスキー著、野中モモ訳、創元社、2018年）等の一般向け読み物にも収録され、また、中国でも王貞儀に関する論文が見られます。しかし、一般にはまだ王貞儀の名前は聞き慣れず、王貞儀を知らない人も多くいます。王貞儀に関する研究も比較的内容が浅く、科学者であるという単一の視野から王貞儀の業績を紹介するのみで、当時の社会環境における女性という立場を視野に入れて検討するものはほとんどありません。王貞儀の研究の背後にある社会環境との関連、そしてそれを裏付ける思想を検討するものは更に少ないです。これらの要素は、彼女を研究する上で蔑ろにして

はならない視点です。こうした学術的な背景は今まで着目されてきませんでした。以上紹介した研究状況のもと、筆者は日本の読者に王貞儀を紹介すると共に、彼女と当時の社会環境との関連についても検討を行います。

I　王貞儀の生涯

　王貞儀の生涯の事績は数種の文献の中に散見されます。このうち、最も信頼性が高いのは一次資料、すなわち、王貞儀自身が著した『徳風亭初集』に書かれている「自序」です。この他、「自序」の後に附された「小伝」もありますが、これには署名がありません。『徳風亭初集』の他、王貞儀と生きていた時代が重なる、清代の有名な文人、袁枚も、詩を論じた著作『随園詩話』の中で王貞儀に言及しています。また、「跋（あとがき）」の作者と推測される銭儀吉も『衍石斎記事稿』にて『徳風亭初集』が出版された経緯について記しています。そして、桐城派の文人、蕭穆も、『敬孚類稿』において、王貞儀の事績を記した「女士王徳卿伝」一篇をまとめ上げています。この他、地方志たる光緒の『続纂江寧府志』や、清末に諸可宝が著した、天文学者の事績を記載する専門書『疇人伝三編』にも収録されており、そして『清史稿』の列伝にも伝記が載せられています。他にも数種の筆記資料が王貞儀の事績について言及していますが、以上挙げた資料の記す内容に矛盾はなく、互いに証明し、補完することができます。これらの資料を頼りにすれば、王貞儀の事績ははっきりと我々の眼前に立ち現れてきます。

　上記資料のうち、『徳風亭初集』の「自序」及び「小伝」の年代が最も古く、最も王貞儀の生きていた時代に近いものになります。対して、年代の比較的新しい『敬孚類稿』は最も詳細で、王貞儀の生涯を記しているのみならず、『徳風亭初集』が出版されるに至った経緯についても記録しています。『疇人伝三編』は基本的には『敬孚類稿』と同じ内容となっています。光緒の『続纂江寧府志』は時代が新しいにも関わらず、最も簡略です。また、

『清史稿』の伝記はこれらのものから抜粋したものになります。そして、『随園詩話』は王貞儀の文学界での付き合いについて記しており、王貞儀の別の一面を補完するものとなります。この他、こまごまとした筆記資料に関しては、多くが引用に過ぎず、内容も乏しいため、ここでは割愛します。

　これらの資料はいずれも王貞儀が29歳で世を去り、時は嘉慶2年（1797）にあたる、と記しています。『徳風亭初集』の「自序」の落款は「嘉慶二年歳次丁巳中秋月下浣金陵女史王貞儀徳卿氏自序」となっていますので、この「自序」は王貞儀が亡くなる直前に急いで書いたものであることがわかります。また、この手がかりをもとに、王貞儀の正確な生没年も推測できます。すなわち、王貞儀は乾隆33年（1768）に生まれ、嘉慶2年（1797）に亡くなっています。

　『徳風亭初集』の「小伝」は、王貞儀を上元の人としています。上元とは、当時の江蘇江寧府上元県で、現在の江蘇省南京市にあたります。『敬孚類稿』は王貞儀の原籍について更に詳しく記しています。これによれば、王貞儀の原籍は安徽泗洲天長にありましたが、祖父の王者輔の時に江寧（今の南京）に遷りました。そのため、王貞儀は江寧に生まれています。幼い頃から王貞儀は祖母の董氏の教えを受けましたが、通常の女子とは異なり、当時の女子が皆教わっていた女紅（裁縫や刺繍等の針仕事）の他にも、董氏から詩文をも教わりました。王貞儀本人によれば、「亡き祖父母の命を承り、詩文の朗読を教わり、併せて詩や古文を作ることも習いました。そのため、女紅の合間には気ままに詩作に耽りました[(1)]」ということでした。このことから、王貞儀の家風は比較的開放的で、女子が文化を習うことを支持していたことがわかります。これは当時の一般家庭とは大分異なっています。また、王貞儀の祖母である董氏が孫娘に勉強を教えることができたことから、董氏も文化水準が比較的高い女性であったことが推測されます。このように、王貞儀が学問を重んじる家庭に生まれ、女性の勉強を支持する家族の伝統があったことは、王貞儀の学問にとってなくてはならないバックグラウンドでありました。

祖父の王者輔は王貞儀が幼い頃から彼女に天算の学を教え、これはすなわ
ち我々が今日で言う天文学でありました。天文学は古代中国において、朝
廷・政府が独占していた学問でした。清朝では、政府機関としての欽天監が
設けられ、天の巡りを観察し、暦を計算する役割を担っていました。民間で
天文学を研鑽することができた人自体稀であり、女の身であった王貞儀が、
当時の状況下で天文学の教育を受けられたことは、ほぼ奇跡的だったと言っ
ても過言ではありません。王貞儀は『徳風亭初集』において、祖父から受け
た教えを次のように述べています。「私は幼くして祖父の惺斎公（王者輔）に
師事し、祖父は仔細にわたって諸々の算法を教えてくれました。成長してか
ら暦算を学び、加えて家に所蔵されておりました暦学の善本十数種を読み、
心を込めて研鑽すること十数年でありました[(2)]」。後に、王者輔は宣化の知府
に任ぜられ、江寧を離れてしまいましたので、もう王貞儀に教え続けること
は叶いませんでした。

　王貞儀が11歳の時、王者輔は吉林へと流刑に処され、吉林で息を引き取り
ました。王貞儀は祖母の董氏、父の王錫琛と共に吉林へと喪に駆けつけまし
た[(3)]。吉林への遠出は、王貞儀にとって初めて故郷を離れた経験であり、そこ
で吉林の山川、名勝を心ゆくまで目に納め、見識を広めました。また、王者
輔はこよなく書物を愛し、その蔵書は75箱という数に達していました。王貞
儀は吉林に到着した後、祖父の蔵書を尽く読み漁り、大量の新しい知識を得
ました。この他、王貞儀はモンゴル族の将軍の夫人から騎馬と弓を習い、そ
の技は見事なもので、射的が百発百中であったのみならず、馬に跨る動作も
流麗であったと言います[(4)]。祖父の蔵書を読み、騎射を習う以外にも、王貞儀
は吉林で自分と同じく学問の素養がある深窓の令嬢たちと出会い、一緒に勉
強したり、詩を作ったりしました。その時の作品は多く、学びも充実してお
り、王貞儀自身の言葉を借りれば、「朝は千の詩、暮は百の芸[(5)]」であったと
言います。王貞儀は吉林で5年の歳月を過ごし、16となる年に江南へ戻り、
次いで父の王錫琛と共に、都を経由して陝西、湖北、広東等の地を遍歴しま
した。この期間中に王貞儀は文学、数学、天文学分野の著作を大量に残して

います。

　王貞儀は25歳の時、安徽宣城の秀才詹枚に嫁ぎました。結婚後も王貞儀は依然天文学を研鑽し続けましたが、嘉慶2年（1797）、僅か29歳にして王貞儀は宣城にて世を去ります。その数年後、彼女の夫詹枚も後を追うようにして亡くなりました。

II　幸運か不運か、出版への道

　王貞儀の一生は短いものでしたが、科学を愛してやまず、ひたすら筆を執り続けた彼女は、大量の著作を残しています。今試みに王貞儀の著作を全て挙げてみることにします。

　　『星象図釈』2巻、『籌算易知』、『重訂策算証訛』、『西洋籌算増删』、『女蒙拾誦』、『沈疴囈語』各1巻、『象数窺餘』4巻、『術算簡存』5巻、『文選詩賦参評』10巻、『徳風亭初集』14巻、『徳風亭二集』6巻、『繡紩餘牋』
　　(6)
　　10巻。

　王貞儀の著作は十数種にのぼります。その内容は文学、数学、天文学を含み、文理両方にわたります。このことからも、王貞儀が博学多才で研究に勤しみ、作品を世に送り出し続けてきたことがわかります。残念ながら、今日我々の見ることができるのは『徳風亭初集』のみで、他の著述は散逸して今日まで伝わっていません。『徳風亭初集』の名前からわかります通り、これはもともと一続きのシリーズものでしたが、その次の『徳風亭二集』も散逸してしまいました。様々な不運が重なり、このような残念な結果となってしまいましたが、それでも世に知られる作品が一部だけでも残されていたことは不幸中の幸いです。

　また、『徳風亭初集』が出版されたこと自体も一種の幸運な出来事でし

た。王貞儀の『徳風亭初集』の出版ともう一人の女性、蒯夫人の手助けとを分けて語ることはできません。この裏には紆余曲折と、人の心を打つ物語がありました。

　王貞儀はよく夫の詹枚と一緒に詩を作っていましたが、詹枚は王貞儀にこれまでの詩文を整理して詩集を作るよう勧めました。しかし、様々な事情により、王貞儀はずっとそれを整理することができませんでした。そして嘉慶2年（1797）の夏、夏楽山という名の若者が王貞儀に詩を習っていたところ、王貞儀の手稿を整理、出版する手助けをしたいと申し出ました。これを機に、王貞儀と夫の詹枚は共に以前の手稿を整理し始めました。王貞儀は極めて自分に厳しく、細心の注意を払って古い手稿を篩に掛け、残ったものは非常に少なくなり、もともとあったものの半分にも満たない量となりました。王貞儀本人も「削除したり燃やしたりして、10分の2、3を数少ない残すべきものとして得ました⁽⁷⁾」と言っています。この年に王貞儀は29歳となり、この後すぐに重い病に罹り、一向に回復の兆しが見えませんでした。もう自分に残された時間が長くないと悟った王貞儀は、夫に対して次のような言葉を遺しました。

　　あなたの家は福に恵まれず、もうどうしようもありませんわ。私が先に逝くのは不幸ではありません。私が生涯にわたって手掛けてきた手稿を、全て蒯夫人に届けて下さい。彼女ならきっと後世の人に私のことを伝えて下さいますわ。⁽⁸⁾

　死に際に、夫にこのような言葉をかけたことからは王貞儀の優しさと心苦しさが見えてきます。清代の中国において、子孫を残すことは極めて重要視されており、子孫が残せないことは一族の没落を意味しました。また、今日のような医学知識もありませんので、それは往々にして女性のせいだと考えられました。子供を産めなかった王貞儀は、自分が夫の一族にとって無用の長物であったと感じていたのかもしれません。

　遺言の後半で、王貞儀が自分の手稿を全て蒯夫人に渡して欲しいと頼んでいることから、蒯夫人は王貞儀にとって信頼の置ける友人であったことがわかります。また、王貞儀は蒯夫人なら自分の名を世に知らしめることができると言っていますが、後世から見れば、王貞儀のこの判断は極めて正しかったと言えましょう。王貞儀は何故このように判断したのでしょうか。その答えを蒯夫人の家柄、王貞儀との付き合い、そして『徳風亭初集』が出版されるに至った経緯から探し出すことができます。

　蒯夫人は名前を銭与齢といい、清代の有名な女画家でありました。その作品は今日においても、依然として芸術価値が高いものです。銭与齢の祖父は康熙、雍正、乾隆の3代を跨いで清朝に仕えた名臣の銭陳群で、曾祖母は南楼老人という号を持つ有名な女画家の陳書でした。また、彼女の甥は清代の有名な歴史学者の銭儀吉で、『碑伝集』の作者です。銭与齢は呉江黎里（今の江蘇省蘇州市呉江区黎里鎮）の蒯富珍に嫁ぎましたので、蒯夫人と呼ばれるようになりました。

　王貞儀が蒯夫人と知り合ったのは江寧で、2人は1回会っただけで意気投合し、王貞儀が宣城に嫁いだ後も文通をしていました。これほどの深い関係にありましたので、2人は親友であったと言えましょう。蒯夫人は知識人の家庭に生まれ、勢いのある家柄であったので、王貞儀の研究の価値を理解でき、また、2人の友情も厚かったため、王貞儀の手稿を出版して、世に伝わるよう力を尽くしてくれるはずでした。そして、彼女の家柄をもってすれば、王貞儀の手稿の出版を可能にするだけの資本と人脈もありました。

　王貞儀の夫は頼まれた通りに手稿を全て蒯夫人に渡しました。しかし、当時本を出版するのは多くの財力と労力を要することでしたので、その出版は暫く見送られてしまいました。それから6年の歳月が過ぎ、蒯夫人の甥の銭儀吉が蒯夫人を訪ねて呉江へ赴いた際、そこで王貞儀の手稿を目にしたのです。手稿は蒯夫人により大切に保管され、他の誰の目にも触れさせることはありませんでした。銭儀吉は王貞儀の手稿を目にして大いに驚きました。彼は王貞儀の詩文を質朴で理論に富み、多くは飾らないものだと評価していま

す。蒯夫人はまた、王貞儀が博学多才で、夜に天体を観測し、天気と農作物の出来高を正確に予測できたこと、六壬と遁甲を得意としていたこと、この他、医学にも通じていたこと等を、銭儀吉に告げました。これを聞いた銭儀吉は初め、尾ひれがついたものだと思いましたが、王貞儀の手稿を読み終え、王貞儀の学識の広さと深さに感嘆し、蒯夫人の称賛も大げさなものではなく、王貞儀には確かな才能と学識があったとわかりました(10)。

　ここで着目すべきは、この時蒯夫人が保管していた王貞儀の手稿は、全部で12種類ありましたが、銭儀吉が目にしたのはこのうちの10種であり、『象数窺餘』4巻と『繡紩餘箋』10巻は目にしていないということです。また、銭儀吉は王貞儀の手稿を全て抄録することは叶わず、『術算簡存』のみを抄録して、これに序を附しました。この序文は彼の『衎石斎記事稿』に収録されています。今となっては、『術算簡存』という書物を目にすることはもう叶いませんが、その序文を通して、王貞儀の手稿が蒯夫人に託された経緯や、蒯夫人が王貞儀のためにその手稿を大切に保管し、自分の研究を後世に知らしめたいという王貞儀の願いを叶えてあげた事情について、窺い知ることができます。よって、この序文は非常に価値のあるものです。序文の作者である銭儀吉は次のように感想を述べています。

　　　王貞儀が亡くなったのは僅か30歳であり、その数年後に（夫の）詹枚も亡くなってしまい、子供もいませんでした。その後遺稿は散逸せず、我がおばを頼りにしてなんとか世に出たのです(11)。

　これらの経緯から、王貞儀は自分の夫も数年後に世を去るとは流石に予想できていませんでしたが、先を見通す見識があったことは窺えます。そして、蒯夫人と王貞儀との友情にも非常に感服させられるものがあります。

　王貞儀の手稿が出版されるまでに辿った道を振り返りますと、それは幸運でもあり、不運でもありました。幸運であったのは、王貞儀には蒯夫人という親友がおり、友情も厚く、家の影響力もありましたので、古代における多

くの女性の作品のように、王貞儀の手稿が長い歴史の流れの中に消え去って
いくことを、努めて防いでくれたことでした。不運であったのは、蒯夫人の
懸命な維持と、銭儀吉の抄録があったにも関わらず、今日まで残されたもの
が『徳風亭初集』の1種類しかないことでした。その上、現在の『徳風亭初
集』は13巻であり、銭儀吉が当時見たという14巻よりも、1巻少なくなって
いるのです。

Ⅲ　天文を探究する女性

　王貞儀の『徳風亭初集』は天文学の専門書ではなく、王貞儀個人の文集で
す。その内訳は、文9巻、詩3巻、詞1巻になります。そのうち、天文学に
関する文章は12篇で、その言及内容は広く、月食、歳差、暦法の計算、地球
球体説、及び地動説等が含まれています。このうち、極めて見事なのが、王
貞儀の月食に対する解説になります。

　王貞儀は「月食解」という文章で、この文を書くに至った動機と、月食の
仕組みについて述べています。これまでに多くの天文学者が日食と月食の仕
組みについて解説を試みてきており、日食の解説はもう十分行き届いていま
すが、月食に対する解説はまだ不十分だと、王貞儀は指摘しています。そし
て、中でも月の公転軌道は難解であり、他の天文学書は様々な説を多く引用
していますが、詳しくかつ明確に解説できておらず、読者を困惑させてい
る、とも指摘しています。そこで、王貞儀は月食の原理を明らかにし、読者
の戸惑いを打ち消そうと決心して、「月食解」を書いたと言います。

　王貞儀は簡単明瞭な言葉を用いて、天文学がわからない読者にもわかるよ
うに、月食の原理を正確に解説しました。彼女は以下のようにそれを解説し
ています。

　　　太陽が月を照らして初めて月が光って見えます。人が地上から月を眺

める時、当望（旧暦の毎月15日）の日に、月の（地球側）半分全てが太陽に照らされる様子が見え、これがすなわち満月になります。当朔（旧暦の毎月1日）の日は、地球が（太陽に照らされた月の）陰に位置しますので、太陽に照らされた月の光（反射光）は見えず、これがすなわち新月になります。他の日は月を側面から見ていますので、月に欠けている部分があるように見えます。そして、太陽と月の軌道が交わり、月が太陽を覆ってしまう時、日食が起きます。太陽の（軌道の）位置は月より高く、距離も月より遠いので、地上から見る日食には深い、浅いという区別（皆既日食、部分日食）があり、それぞれの地域で見られる日食の様子も異なります。太陽と月の軌道が交わり、月が（地球の）陰に位置する時、月食が起きます。⁽¹²⁾

　現代の我々にとって、日食と月食の仕組みは常識と言っても過言ではありませんが、古代においては、天文観測が容易ではありませんでしたし、加えて、古代中国では長らく伝統的な蓋天説が信じられ、そして月食は天狗が月を食べたから起きるものだとも信じられてきました。こうした根深い先入観がある状況下にも関わらず、王貞儀がそれに疑いを持って考え続け、自らの研鑽を通して月食を正確に解説できたことは、非常に得難いことでした。

　無論、王貞儀の研究は、上述した月食の仕組みを解説するだけに止まらず、黄道と月の軌道の交角角度を推算し、その計算方法についても検討しました。学術的価値が高いのはこの計算部分なのですが、煩雑かつ数式の羅列が続きますので、ここでは割愛します。

　天文観測が容易でなかった清代において、王貞儀はどのようにして日食や月食の仕組みを考えたのでしょうか。王貞儀はその実験過程を記録として残しています。

　ある年の元宵節（旧暦の1月15日）に、王貞儀一家は徳風亭で宴を開いていました。宴の後、大きな丸テーブルがそこに残され、梁の上からはガラス灯が紐で吊り下げられていました。傍らのテーブルには、大きな丸い鏡が2枚

置かれ、ガラス灯の光が鏡にあたると、鏡は光を反射して、2筋の光が交わるように見えました。王貞儀はこの様子を見てハッと閃き、ガラス灯を太陽に、鏡を月に、両者の間にあったテーブルを地球に見立てました。ガラス灯は自ら光を発することができますので、太陽のモデルとしては適していました。鏡は自ら光を発することができませんが、光を反射すれば光るように見えるという性質を持っていますので、これは月の性質と丁度合致し、月のモデルとしても申し分ありません。この閃きからは、王貞儀の知恵と、この実験の巧さが十分窺えましょう。王貞儀は次のように実験を行いました。鏡を1枚地面に立て、この時ガラス灯の光はテーブルに遮られ、鏡には届かず、鏡は暗いままです。次に、紐を調節してガラス灯を一尺高くなるようにすると、ガラス灯の光は広がり、鏡まで届くようになりました。それから更にガラス灯を高く上げていくに連れて、鏡で反射される光の位置はより低くなっていきました。ガラス灯を梁まで上げ、もうそれ以上高くならなくなったところで、鏡をテーブルにかなり近い位置まで持ってくると、鏡はガラス灯の直射の範囲内にあるにも関わらず、テーブルの影に遮られて光が届かず、暗い状態となってしまいます。こうして王貞儀は月食の仕組みを悟ったと言います。

　以上が王貞儀の実験になります。今日の我々にとって、これは小学校の理科実験でなじみのある内容であるかもしれません。天文学が非常に発達した現代において、王貞儀の実験はあまりにも粗末なものに思われるかもしれませんが、清朝という時代背景において、それも、何も観測器具がなかった状況下において、王貞儀が生活用品を用いて、太陽と月の運行をモデル化できたことは、極めて先進的で創見に富んでいたと言えましょう。また、日常生活の中から閃きを得られたことからは、王貞儀が常に天文学研究を考えていたことが窺えます。そして、ガラス灯や鏡の性質と太陽や月の性質が似通っていることに気づき、モデル化にまで辿り着いたことからは、王貞儀の賢さのみならず、その学問の蓄積の深さが見えてきます。

　「月食解」の他、『徳風亭初集』には「経星弁」「黄赤二道弁」「地円論」等

の天文学研究の文章が収められています。このうち、「地円論（地球球体説）」が王貞儀の大胆さと、古い習慣に囚われない自由な発想を体現しています。前述のように、古代中国では、蓋天説が信じられ続けてきました。蓋天説とは、地は平らな四角形であり、それを天が卵の白身のように外から覆い、天地が渾然一体となっているとする考え方です。清朝において、この蓋天説は天文学研究の範疇に止まらず、それに伴う儀礼や規則も定められており、人々の生活や社会と深い関わりを持っていました。中世ヨーロッパにおいて、地動説が宗教の権威を脅かし、それを唱えたガリレオ・ガリレイが宗教裁判にかけられ、ジョルダーノ・ブルーノが処刑されたように、蓋天説に異を唱えることは、当時の体制基盤に疑いを挟むことに他なりませんでした。その意味で言えば、王貞儀が地球球体説を唱えたことは、非常に勇気の要ることでした。ただ、この頃の清朝では、既にヨーロッパの天文学知識が宣教師によってある程度もたらされており、その機運は既にありました。王貞儀は様々な先人の学説を引用して、比較分析し、どうして人が目にする地面は丸くないのかについて、以下のように解説しています。人の視線は真っ直ぐで、大地は非常に広いため、円形だとしても、それを数百里、数千里まで拡大すると、人の目ではそれが円弧だとは知覚できません。そして、地球が丸くても人が転んだり、落ちたりしないのは、人も輪になって地球の周りを囲むようにして立っており、頭の上にはそれぞれ天を載せているからです（流石の王貞儀も重力については知らなかったようです）。最後の部分を除けば、王貞儀の説はほぼ現代の我々が知る地球の真実とは異なりません。ここに、王貞儀の進んで新しい説を受け入れる姿勢、事実を重んじる精神が見えてきます。

　清朝において、女性の天文学者は極めて稀です。王貞儀の研究は、最先端だとは言えなくとも、その実力は確かなもので、虚飾に頼らず、科学理論を明確に述べています。その上、彼女は古い考えに縛られず、革新する勇気があり、我々の知る通常の古代の女性とは全く異なっています。300年前の封建社会において、女性が受ける制限は現代社会のものよりも遥かに多く、また、それに伴った道徳観もありました。現代社会に入った後も、旧習を革新

することは一朝一夕にはできず、長い間にわたって、古い思想道徳体系に囚われたままの女性も数多くいました。それに対して、王貞儀はどうしてそれらの束縛からある程度逃れられ、超えることができたのでしょうか。その答えは彼女の思想の中から探ることができます。

おわりに

王貞儀は男尊女卑の封建社会に生きていながら、家庭環境といい、彼女本人の思想といい、そこからは当時の社会からの影響がそれほど見られず、比較的開放的な一面が見られます。

清代の江南地域は、多くの才女を輩出してきました。江寧の知識人家庭で生まれ育った王貞儀が、女の身でありながら、多くの書物を読み、知識を得られたことは、社会全体から見れば極めて稀でしたが、江南地域で見れば、さほど珍しいことでもありませんでした。それでも、幼い頃より天文学の勉強ができたのは、王貞儀の家庭がその他の家庭とは大きく異なっていたからでしょう。王貞儀の祖父王者輔が、幼い王貞儀に天文学を教えた時も、このことを意識していたに違いありません。王者輔の開放的な考えが、王貞儀の天文学研究の礎となったのです。また、王貞儀の祖母も彼女に文化的素養を身に付けさせ、王貞儀の父も彼女を連れて各地を遊歴し、医学知識を教え、自ら著した医学書に題跋を書かせました。これらのことからも、王貞儀の家族は彼女の学習と研究を支持し、女性だからといって彼女を軽んずることはなかったことがわかります。

当時、女性が自分の研究を出版することは非常に勇気の要ることでした。王貞儀は他の女性とは異なり、出版したものは詩文に止まらず、大胆かつ革新的な天文学研究も含まれていました。女であれば裁縫や料理を習うべきで、墨にまみれて学問をすべきでない、それに、自分の文集を編んで名声を追い求めるなど、どういう了見なのか、と王貞儀を揶揄した者もいました。これは男尊女卑の視点に立った、当時の典型的な批判でした。こうした批判

に対して、王貞儀も一抹の不安を抱えていたと思われますが、それでも勇気を出して、細心の注意を払って自分の文章に手を入れ、なんとしても出版して後世に伝えようとしました。彼女はこの批判に対して、以下のように堂々と論駁しました。名声を重んじる心は男女に関わらず、誰にでもあるもので、古より詩文に秀でていたのは男性だけでなく、女性も多くいました。自分の研究は興味から生まれたもので、名声を追い求めてのことではなく、自分の文章さえ世に出ればもう悔いはありません。人から讃えられようが、貶されようが、それはどうでもよく、自分は微塵も気に留めません。このように、王貞儀は性別による偏見を押し退けるほどの勇気を持ち、この論駁も堂々と序文に書き入れて、公の場に出しています。このことからも、王貞儀は確かに家庭の薫陶を受け、更に開放的な考えの持ち主であったことがわかります。

　王貞儀の一生は短いものでしたが、彼女の天文学研究は、女性による科学研究の道における輝かしい道標となりました。また、死後に彼女の親友や有識者の尽力によって文集が出版されたという経緯も、今日の我々にとって、一歩前進する励みとなるような、感銘を受ける逸話です。

注
（1）　『徳風亭初集』「自序」、「承先大父母命、教之誦読、幷学為詩、古文章、以故紅之暇、輒肆及呫嗶」、『金陵叢書』慎修書屋校印本、1916年。
（2）　『徳風亭初集』巻5「歳差日志弁疑」、「貞儀幼随侍先大父惺斎公、公細訓以諸算法。既長、学暦算、復読家蔵諸暦算書善本十余種、潜心稽究十余年不稍倦」。
（3）　蕭穆『敬孚類稿』巻13「女士王徳卿伝」、「惺斎官宣化知府、以事遣戍、歿于吉林」。
（4）　『徳風亭初集』「自序」、「学射于蒙古阿将軍之夫人、発必中的、跨馬如飛」。
（5）　同上、「朝千詩、暮百芸」。
（6）　『徳風亭初集』「小伝」。
（7）　『徳風亭初集』「自序」、「既刪且焚、得少可存者十之二三」。
（8）　蕭穆『敬孚類稿』巻13「女士王徳卿伝」、「君家門祚薄、无可為者。妾今先死、不為不幸。吾生平手稿、為我尽致蒯夫人、蒯夫人能彰我于身後者也」。

（9）　六壬と遁甲はいずれも『周易』に由来する占い術である。

（10）　以上、銭儀吉『衎石斎記事稿』巻3「『術算簡存』序」に見える。

（11）　同上、「貞儀没時年僅三十、後数年詹枚亦亡、无子。他日遺編不泯、終頼我姑彰之也」。

（12）　以上、『徳風亭初集』巻7「月食解」に見える。

中国の教育近代化における
外国モデルからみる合理性

小川　唯

はじめに

　本論では、近代以降、中国が教育の近代化を進めていく際に、様々な外国をモデルとした経緯と動機を整理し、中国の教育改革者たちの目を通した合理的な取捨選択を考えます。

　教育改革は中国の近代化の重要課題でした。時は清朝末期、アヘン戦争以降、何度も列強と戦争をし、苦汁をなめた清朝政府は、開明的な官僚の提言もあり、西洋列強の強国たる所以の軍事・産業技術、法制、実業・教育システム等を導入していきました。ここに来て、中国の知識人や官僚は、「地大物博」で「華夷秩序」の中心たる自国文化に「不足」を認識し、時勢に対する即効性を求め、積極的に諸外国の経験を参照するようになったのです。アロー戦争後は、「戦争を防ぐ軍備がない」「条約体制に抵抗できない」という危機感から、洋務運動が展開され、外国から顧問を招聘して軍需産業を振興し、欧米への留学生派遣や外国語学校を設置して人材育成を行いました。さらに日清戦争で衝撃的な敗北を喫してからは、戊戌維新運動が起こり、社会を改造し「国民国家」にならなければならないという意識が高まり、教育による人材育成によって国力を増強する「教育救国」が官民問わず提唱され、義和団事件後には光緒新政として本格的に全国的な近代化政策が実施されました。辛亥革命を経て中華民国が成立し、その後中華人民共和国が建国されてからも、度合いの違いはありましたが、中国の教育近代化は、伝統的な儒教思想と個別教育に代わり、海外から「先駆的」な教育思想や教授法を導入して、留学派遣、学校教育、啓蒙活動を実施し、独立国家を支える国民を養

成することを目指しました。そこで近現代中国の教育改革がモデルとしたのは、主に日本、アメリカ、ソ連の順でした。これからみていくように、時勢が変わるごとに前者を批判して後者が台頭する、その際それがより「中国の実情に適した」ものであると語られ、徐々にナショナリズムとの兼ね合いの中で変容するという流れを繰り返しました。

　しかしその外国モデルの内容が具体的に何を目的として、何を導入したのか、それによって社会にどのような変化や影響を生じたのか、その影響はその後どうなったかは、これまであまり詳細に研究されてきませんでした。特に、中華人民共和国の教育との関連性にまで視野を広げた研究は少ない状況です。本論では、国家教育方針の変遷と教育改革者の言説を整理し、歴史背景も踏まえながら、そこにみえる合理性をたどっていきたいと思います。

I　明治日本に学ぶ「合理性」

1. 動機

　1895年の日清戦争で、同じ東洋の新興国である日本に負けたことは、官民問わず中国の知識人に衝撃を与えました。各地で改革を願う人々の研究グループが結成されたり、時事を伝える新聞雑誌等が発行されたり、近代知識を学ぶ塾や学校が開かれたりしました。科挙のために上京していた広東の知識人康有為らは明治日本に倣った立憲制の導入を上奏し、これを受け入れた光緒帝は1898年、「戊戌の変法」を宣言しますが、すぐに朝廷内の反対勢力に鎮圧されてしまいます（戊戌の政変）。しかし政治改革には反対した清朝高級官僚にも、日本の学制に倣い、教育改革を提唱した人々がいました。その代表が張之洞の『勧学篇（学問のすすめ）』です。以下は、康有為と張之洞が、それぞれ明治日本を中国の教育近代化のモデルとすると述べている論説です。政治的立場が異なる2人ですが、共通して、日本の欧米留学生が帰国

後、政府で活躍し、近代国家を建設したという結果を高く評価し、日本経由の書籍翻訳、日本への留学派遣の有効性を力説しています。

　思うに、近年東の事（日清戦争）で大敗し、台湾を割譲し、巨額の賠償を行い、国中がこれを痛み嘆いた。これは日本が我々に勝利したのではなく、我々が閉じこもって自滅したのであり、人材不足のためだと私は考える。（中略）私が思うのは、日本は我々と同文であり、彼らの変法は今30年経ち、およそ欧米の政治、文学、軍備、新知識の良書はすべて訳しており、工業・技術のみ少ないので欧米のものを読むほうがよいという状況だ。日本の書籍を訳す時、我々の文字になっているものが8割だから、事を為すのに労力が少なく、多くの日数を要しない。ぜひ都に訳書局を設け、通じた人を選びこれを担当させ、専門家の意見を取り入れ、日本の政治書のよいものを精選して、分業で訳せば、数月もせず、日本の良書はほとんど訳せるだろう。（中略）かつて日本の変法は、学生を欧米に1万数千人も派遣したことに始まり、帰国後に彼らが国政を執り、様々な専門の師となり、成功を収めたのだ。これが私が留学派遣を請願する理由である。

　　　　　　　　　　　　　　　—康有為『請広訳日本書派遊学折』（1898）—

　日本は小国に過ぎないのに、どうして急激に振興したのか。伊藤、山県、榎本、陸奥らはみな12年前に出洋した学生である。祖国が西洋に脅かされることに憤り、百余人を引き連れて、それぞれドイツ、フランス、イギリス諸国へ赴き、政治・工商を学ぶ者あり、水陸兵法を学ぶ者あり、学を修めて帰国し、将軍・宰相となったことにより、政事が一変し、東方を雄視するようになった。（中略）遊学（留学、見学）する国は、西洋よりは東洋にしたほうがよい。一、距離が近く、費用が節約でき、多く派遣できる。一、中華に近く、考察しやすい。一、東文（日本語）は中文に近く、通暁しやすい。一、西洋の書は非常に複雑だが、西

洋の学問で不必要なものを東人（日本人）が削除したり酌量し改めたり
している。中東（中日）情勢は風俗が似通い、模倣しやすく、半分の労
力で倍の成果を上げるなら、これしかない。

—張之洞「外編：遊学第二」『勧学篇』（1898）—

　洋務運動でも活躍した張は、上の文章に続けて、早期のアメリカ派遣の留
学生は幼すぎたこと、欧州派遣の留学生や官僚は人選が適切でなかったこと
を理由に失敗したと述べています。そして欧米留学政策の改良を主張するの
ではなく、日本留学への切り替えを勧めています。康も張も共通して、①漢
字や思想文化の共通性があり理解しやすい、②西洋の学術書を網羅的にかつ
取捨選択した翻訳書がある、③費用や模倣の面で効率的である、と理由を挙
げ、日本留学を推奨しました。①②については、直接西洋から学ぶのではな
く、文化の近い日本が明治に体現した和洋折衷の技に即効性を期待している
ことがわかります。明治日本が「独仏の兵制、イギリスの商務、アメリカの
技術、ローマ・英仏の法律を取り入れ、東西の学術・科学を学び、驚くべき
勢いで模倣にこれつとめ」「ヨーロッパが500年追い求めてきたものを、日本
は20年で成功させた」（康有為「日本変政考」序）と評価されるように、新興
国のノウハウを取り入れ、近代化を加速することこそ重要でした。③につい
ては、日本までの船代が片道20～30元程度に対し、アメリカまでは銀300～
400両かかり、1年間の生活費も日本留学は250～350円、西洋留学は銀1500
両前後であり、7年間の留学経費を比べると「西洋諸国へは16人派遣するの
に全体の必要経費が10万余両かかるが、日本へは31人派遣するのに全体の必
要経費は9万余両」という記録もあり、大きな差がありました。
　また、日本政府側もアジアへの影響力を拡大することは有利になると考
え、地域や文化の近さを主張しつつ、清国、朝鮮、ベトナム等から留学生を
積極的に受け入れ、亡命者の滞在を黙認しました。人材育成の急務という
ニーズに合わせて、留学生を受け入れる日本の教育機関では特別な速成カリ
キュラムを準備し、1年程度で修了できるようにしました。

2. 国体

　義和団事件により、11か国と多額の賠償金を含む講和条約を結ぶ事態となった後、清朝政府は威信を回復すべく、1901年、近代国家体制を構築することを明言しました。「光緒新政」と呼ばれる一連の改革の中で、「興学の詔」を発して学校教育の実施を宣言し、留学政策を推進し、1905年には科挙廃止とともに、国家教育官庁である「学部」を設置し、全国の教育行政機構を整備するなど、次々と教育改革を進めました。そんな中、世界情勢で清朝が高く評価したのが日本とドイツです。

　例えば、北洋大臣李鴻章の幕僚で、数々の経済・教育の振興策を提言した開明的な高級官僚の盛宣懐は、自ら設立した南洋公学（現在の上海交通大学の前身）で翻訳を推進するための上奏文の中で、①日本の法規は、西洋から導入し、何年もかけて体得し、取捨選択の後に定められたものなので、優先的に取り掛かるべきであり、②米仏英の様々な政体は「我が国（清朝）と同じではない」が、「ただドイツはビスマルク以来、帝国を尊崇し、民権を裁抑（抑制）しており、整然として厳粛な風紀がある。日本はこれに法り、明治20年以降の政治の成績を上げた。ロシアは君主専制国家を号しているが、法律の多くはフランス人をまねており、制度と国体に差がある。したがって国の大本は動揺し、世間には内乱が起きているので、日本、ドイツの強固さには及ばない。国体を比較すると、日本とドイツだけが我々と同じであり、両者の法だけが我々に適していて用いるべきである」と論じました（盛宣懐「奏陳南洋公学翻輯諸書綱要折」1902）。さらに盛は「科学・製造は英米に、政治・法律は日独に法」るのがよいとも言っています。

　なお日本では、明治初期の西洋模倣の風潮や自由民権運動をよしとしない、保守派の主張を背景に、1890年、「教育勅語」を発布し、天皇制と儒教道徳を結びつけ、教育現場に浸透させていました。これを参考とし、1906年、清朝の学部は教育宗旨（国家の教育方針）として「<u>忠君</u>、<u>尊孔</u>、尚公、尚武、尚実」（下線は筆者による）を公表しました。近代的な公徳、軍備、産業

の育成を目指しつつも、忠君愛国の儒教道徳に基づく君主制によって清朝を維持することは忘れませんでした。

このように、日本をドイツモデル導入の成功例とみなし、政治体制を同一視したことに加え、清朝の為政者にとっては、「日本を介して西洋に学ぶ」と言いつつも、儒教道徳が維持され、国民が従順で、君主政が成功している日本の実態こそが最も都合がよかったのです。

3. 影響

それでは、中国が日本をモデルとして導入したものは具体的に何でしょうか。日本をモデルとして立憲君主制の樹立を目指した清朝ですから、法政と教育の制度に大きな影響を与えたことは間違いありません。

まず、学制です。清朝政府は、日本教育視察の成果を反映し、張之洞らの起案により、1904年に「奏定学堂章程」を公布し、近代学制を正式に始動しました。これは、日本の学制の3段階・6種の学校系統と一致し、時の文部省普通学務局長であった澤柳政太郎に「実に大胆にも無遠慮にも日本の制度を其儘そっくり採って居る」と言わしめるほどでした。また、1905年に設置された「学部」は、「古くは三代の建学の深意を師とし、近くは日本の文部省の制規や、人材を選抜して教育行政を分担研究する方法に倣う」方針が示されていました（関暁紅 2000）。「奏定学堂章程」により、修身科が設置され、教科書検定制が始まると、中国人向けの教科書が多数出版されました。ベストセラーの商務印書館編訳所編『最新初等小学修身教科書』は、日本人編集者も参与し、『蒙学読本全書』（文明書局 1902）の前言では、「日本各学校修身の訓えは教育勅語を以て本と為し、その義を衍きて以て条目と為す。この編ほぼその例を師とす」（下線は筆者による）と明言し、そのほかにも教育勅語を参照した教科書が複数存在しました（土屋 2010）。

次に、立憲制の準備では、1905年から06年に清朝が各国へ憲政視察大臣を派遣した際、日本へ視察に行った一団が最も充実した報告書を提出し、これ

が清朝の憲法制定や地方自治制度や社会教育制度の策定に基本的枠組を与え
ました。1906年、清朝政府は「予備立憲の詔」により立憲君主制への移行を
宣言して中央官制、地方官制の改革に着手し、日本の官制を採用しました
（黄東蘭 2005）。1908年、欽定憲法大綱が公布されると、その冒頭には清朝皇
帝の「万世一系」が語られ、明らかに大日本帝国憲法に倣ったものでした
（川島 2010）。

　中央政府の意図とは外れたかたちで、視察、留学の活性化により、民間で
日中を往来する人材が増え、もたらされた影響もあります。1つは語彙で
す。戊戌維新運動の時期から、羅振玉、康有為らによって大量の日本の教科
書や論説が紹介され、翻訳されてきました。戊戌の政変後、日本に亡命して
いた梁啓超を筆頭に、留学生たちは和製漢語を多く用いて時勢や専門知識を
紹介し、啓蒙活動を行い、中国知識人の間に日本語を介した近代知識が蓄積
されました。2つ目は人材の層です。1905年に科挙は廃止されましたが、留
学経験者に試験を受けさせ、進士・挙人・貢生という科挙合格の資格を与え
る制度が規定され、従来の科挙が支えてきた官吏生産装置としての立身出世
の手段を残していました。そのため、日本への清国人留学生は1900年までに
100人程度であったのが、1905年から06年にかけては1万人近くに増えたと
いわれます。留学生の内訳をみると、私費留学生が多く、宏文学院、振武学
校や法政大学、早稲田大学など私立の教育機関に集まり、専攻は法政、教
育、軍事が多いという特徴がありました。その後、留学政策が整頓され、人
数は減ったものの、毎年3000人以上の清国人留学生が日本に在籍し、その数
は他国への留学生数を圧倒していました。また日本から帰国した清国人留学
生のうち、1908年に100名、その後大きく増え、1911年には445名が帰国留学
生試験に合格して科挙合格の資格保有者となり、彼らの多くが政府や地方の
官職や教職に就きました。官職を得られなくても、中国本土の各地方では開
明的な高官が日本人教員や顧問を招聘しており、帰国留学生は郷里で彼らの
仲介役や現地の実務を担いました。このような近代的学知を共有する場が清
国各地に生まれ、教育思想においては、日本の明治維新の教育改革の手本と

なったドイツのヘルバルト教育理論が学校教育に浸透したり、政治思想においては、アジア主義を主張する日本人や論著を背景に、国会開設運動や革命活動が活性化したりしました。少数派の満洲族が建てた王朝である清朝は延命策を講じましたが、近代国家建設は漢族主導に変わり、やがて辛亥革命が起き、清朝は崩壊します。

4. 中華民国誕生と外国モデルの再考

　辛亥革命後、清朝皇帝を退位させ、新たな共和制を掲げた中華民国が成立します。建国直後の国策策定の際、共和政体に君主制である日本の制度の踏襲はふさわしくないとする意見も存在しました。中華民国初代教育総長（文部省長官に相当）蔡元培は、1912年に国家教育方針である「教育宗旨」を定める会議において、清末の教育方針である「忠君」「尊孔（孔子崇拝）」を廃し、「世界観教育」「美感教育」を行うよう提唱しました。その際、フランス革命にみられる「公民道徳」を重視し、哲学的要素にも注意を払う一方で、ドイツの軍国民教育も併せて採用すると言っています。しかし、中国哲学とともにインド哲学や西洋哲学を学び儒教を相対化するという蔡の「世界観」の表現は、審議の過程で多数決の末、削除されました。また、別の人が提案した「学校における孔子崇拝儀礼を廃す案」も反対者により否決されました。ここからわかるように、儒教による教育という長い伝統への共感は根強く、それと欧米の教育学をどのように位置づけて教育近代化を進めるのかという、教育方針を支える道徳の内容は中華民国に入りますます重要な関心事となりました。最終的に、「道徳教育を重視し、実利教育と軍国民教育によってこれをたすけ、さらに美感教育によってその道徳を完成させる」という「教育宗旨」が決まりました。

　その後、袁世凱政権は、孫文ら革命派を追い払い、文教政策による統治強化を図り、1914年9月に大総統令により「尊孔」令を発し、1915年1月には、『教育綱要』を出して孔子・孟子の崇拝を再び教育方針に盛り込みまし

た。『教育綱要』内の説明項目では、すべての学校において孔子・孟子の教えを原則とすることや、小中学校に読経科を復活させたり、教科書に審査制を導入したり、国文や歴史の教科書に陽明学の原典を採用することなどが規定されました。また、民国初年の教育方針に欠点があるとして、新たな教育宗旨を定め、「国を愛し、武を尊び、実を尊び、孔子・孟子の教えに則り、自治を重んじ、むやみな争いを戒め、急進的な行動を戒める（愛国、尚武、崇実、法孔孟、重自治、戒貪争、戒躁進）」とし、1915年2月に公布しました。この後袁世凱は自ら皇帝になろうとします。明らかに清末の教育方針に回帰する内容ですが、この教育宗旨の説明では、プロシャ式の初等教育と英米の地方自治と儒教を兼ね合わせるとし、道徳教育においても、品性の感化主義は英米に学び、厳格な訓練主義はドイツに学んで、調和のとれた発達を目指すと言っています。やはり儒教道徳と西洋の各主義を折衷する態度がみえます。中国教育史研究者の舒新城は、袁世凱時期の教育について、「予備学校」の設置等を理由にドイツ式として位置づけ、清末の教育と区別していますが（舒新城 1931）、既述のとおり、清末から日本とドイツの教育は類似したものと認識されており、儒教道徳を採用した教育方針の根強さからみても、折衷的な日本モデルはなおも実質的な影響を保っていたといえるでしょう。

　なお、中華民国建国直後も教育部（学部から改名、文部省相当）の人事は、清末の学部勤務歴および日本留学歴のある者の続投の割合が高いものでした（経志江 2005）。袁世凱政権下の教育部長であった范源濂や湯化龍も日本留学経験者であり、国民道徳としての儒教を容認しながら、「国民の独立心」の確立を呼びかけ、教育普及に尽力しました。

II アメリカに学ぶ「合理性」

1. 動機

　帝政を敷こうとして国内に大規模な反対運動が起きる中、袁世凱は死去します。1916年7月、范源濂が再び教育総長に就任し、9月に『教育綱要』廃止を通達、10月には国民学校令などを廃止したことにより読経教育も取りやめとなり、袁世凱時代の教育政策は消滅しました。中国国内の政治は、いわゆる「軍閥割拠」状態でしたが、強力な中央政府がない中、教育に関しては、1915年に全国規模の教育会議である全国教育会連合会が成立しており、全国統一的な教育政策の実施を民間側から牽引しようとする動きが起きていました。また教育部も民国元年以来の教育制度を改革すべく、校長や地方教育行政員を召集して全国規模の会議を開催し、1917年9月には教育総長直属の諮問機関である学制調査会も設置し、新学制制定の準備を進めました。こうして、教育部や全国教育会連合会によって、教育専門家の合議による新しい「教育宗旨」と学制の再編が模索されることになりました。

　その背景には、第1次大戦におけるドイツの敗北と、「民族自決」「民主主義」を掲げるアメリカや、ロシア革命による「社会主義」ソビエト誕生など新興国の台頭がありました。1919年、教育調査会（学制調査会の後身）は、教育宗旨改訂案の説明文において、「欧州大戦が終わりを告げ、軍国民教育が民本主義に合わないということは、世界が公認するところとなっている」と起案理由を述べ、今後はアングロサクソン派である英米の人格主義と米仏の共和精神を基本理念とし、第1次大戦で敗北したチュートン派であるドイツの軍国民主義は時代に合わないとして、教育方針刷新の動機を述べています。ここにみえるのは、主義や教育の成果が、強い国・民族として世界に君臨できるか否かに結びつけられやすい傾向です。なお、第1次大戦で中華民国は、紆余曲折を経て「対独参戦」を宣言したため、アメリカら協商国の一

員として「戦勝国」となり、国際連盟への加盟や講和会議への参加の権限を
得ており（川島 2010）、ドイツを批判する立場にありました。

　ただ、重要な変化として、「教育宗旨」改訂の背景の一つには、列強が欧
州戦線に釘付けとなる中、日本が中国に対して行った政治・軍事干渉と文化
事業への不信感からくる「日本離れ」がありました。すでに第1次大戦中、
日本は膠州湾占領と21か条要求を行い、それらに対し中国人による大規模な
反対運動が起きていました。1919年、パリ講和会議で山東省権益の中国への
返還要求が否決されると、全国各地や東京等で大規模なボイコット運動が展
開され（五四運動）、日本批判が常態化していきます。有力な教育専門誌の
『教育雑誌』にも、日本の法案や論調を警戒し、自国で教育事業を行う必要
を訴える論説が登場し（荘兪「我之教育」同誌第10巻第7号（1918年7月）、慈心
「日本教育家之中日親善論」同誌第13巻第5号（1921年5月）等）、1919年に起きた
五四運動に民衆の時代の到来を見出し、「我が国の教育精神は、科挙の遺毒
が3割、日本の感化を受けたものが7割、いずれも専制的で貴族的で機械的な
教育である」から世界の潮流に合わないと述べる記事もありました（隠青
「今後教育之新修養」同誌第11巻第8号（1919年8月））。

　これに対しアメリカは中国での好感を獲得します。中国の知識人たちは、
パリ講和会議にてアメリカ大統領ウィルソンが民族自決や世界平和を主張し
たことに期待を寄せました。また、軍閥抗争のために慢性的経費困難に陥っ
ていた中国教育界に対し、アメリカが率先して義和団賠償金を免除し、多く
の中国人留学生を受け入れたことを高く評価しました。すでに1908年、アメ
リカは義和団賠償金の一部支払いを免除し、その資金をもとに、翌年、中断
していた清国からの米国留学派遣を再開し、1911年には北京に清華学堂（清
華大学の前身）を設立して、その卒業生をハーバード、コロンビア、イェー
ル等の大学へ留学させる奨学派遣プログラムを確立していました。また、中
国国内にあるアメリカのプロテスタント系大学は1917年に16校を数え、イギ
リス、フランス、ドイツよりも多く、豊富な資金を背景に高等教育で存在感
を放っていました（園田・新保 2010）。この1917年には、清末にアメリカ留学

をした胡適や蔣夢麟がコロンビア大学で博士号を取得し、帰国します。彼らは北京大学総長蔡元培に招聘され、新文化運動の重要な発信者となりました。日本留学の帰国者は大半が速成教育修了であり、学部卒業程度の学位を得て、官僚、軍人、中学や高校の教師となったのに比べ、アメリカ留学生は、多くが大学院の学位を取得し、帰国後は特に中国の高等教育機関で教鞭を執る割合が高く（阿部 2004）、帰国後の学界における影響力や就職の面で有利でした。

2. 影響

　アメリカが教育改革に与えた最も大きな影響は、「実用主義」を重視した教育理論でした。20世紀初頭の欧米各国における新教育運動の中、ジョン・デューイは、ヘルバルト教育理論とは異なる、児童中心主義、経験主義、社会性の重視を主張しました。胡適、陶行知、陳鶴琴、蔣夢麟はコロンビア大学に留学してデューイに師事し、帰国後は師を中国に招聘し、通訳として同行するなどして、デューイの思想を広めました。1919年、中国訪問中のジョン・デューイは演説で「画一制度は弊害が非常に大きい。日本の近来の教育家は、本国の学制に大変不満を持ち、一つの風潮を形成したが（大正デモクラシー）、改革しようとしても大変難しい。中国はこの轍を踏んではならない」と述べ、また地方による差異を許容する立場からアメリカの連邦制に言及し、実験主義の態度を主張しました。このような中国の可能性への肯定的な言及や、理論に対する柔軟な姿勢は、学際色の強いドイツの教育学よりも受け入れやすく、デューイの教育理論に啓発され、陶行知が「生活教育」を、陳鶴琴が「活教育」「平民教育」を提唱したように、中国の国情に合わせて理論をアレンジする教育学者も出てきました。新教育の代表人物であるデューイ、モンロー、ラッセルら著名学者が次々と来華し、生の演説を行い、中国各地で「児童中心」の概念を中心に、個性や地域差に基づく教育が試みられました。そのほか、キルパトリックが打ち立てた「プロジェクト・

メソッド」、パーカーストの「ドルトン・プラン」などのアメリカ人教育家の教授法が中国に伝わりました。彼女たちが直接中国で講演を行ったり、『教育雑誌』で特集が組まれたりすることで教育科学研究への理解が深まり、中国各地で教育統計、教育測定の収集を行う「科学的」手法の運用や、識字教育や教育実験校の創設等の実践へと広がりが生まれました。

　1920年代、中国の教育方針と学制に大きな変更が加えられます。胡適らが儒教を批判し「デモクラシーとサイエンス」を掲げた新文化運動や第1次大戦後の世界的なデモクラシーの風潮を反映し、1919年4月、教育調査会の沈恩孚、蔣夢麟の提案により、教育宗旨案「健全な人格を養成し、共和精神を発展させる」が会議で可決されました。これは基本的に清末のものを踏襲する形式だったこれまでの「教育宗旨」と、形式・内容ともに一線を画するものでした。教育調査会の教育宗旨案の説明によれば、「健全な人格」とは、立身のための「私徳」と社会・国家に奉仕する「公徳」を兼ね備え、人生に必要な知識・技能、強健で活発な体格、優美な和楽する感情を有することをいいます。また「共和精神」とは、「平民主義を発揮し、人々に民治が立国の根本であると知らしめる」という民主主義の精神と、「公民の自治習慣を養成し、人々が国家・社会の責任を負うことができるようにする」という公民としての自覚と行動を指します。とりわけ「共和国民」の養成を前面に押し出し、民国初期の動乱の原因を共和精神の欠如に求めている点と、従来の教育方針において道徳教育が国家主義を基調としていたのに対し、「健全な人格」において個人の利益追求も是認している点が特徴的です。教育宗旨の共和精神に謳われた平民主義と公民自治は、中華教育改進社など全国規模の推進団体を誕生させ、実用主義から派生した職業教育は、1922年の新学制に制度化されました。また、この新学制では、アメリカの一部の州で実施されていた6・3・3制を採用しました。

　アメリカの教育理念や学制の採用は、資金・人材における密接な関係の産物でした。まず、中華職業教育社が成立し（1917年）、その後江蘇省教育会、北京大学、南京高等師範学校等とともに中華新教育共進社を設立します

（1919年）。中華新教育共進社はさらに東南大学等を加えた中華教育改進社（1922年成立）へと規模を拡大し、全国規模の民間教育組織により、分野別の教育研究を進めようとしました。中華教育改進社では、高等教育機関に勤務するアメリカ留学帰国者の郭秉文、陶行知らが活躍し、デューイおよびその後をうけて1921年に来華したモンローも名誉理事として加わりました。モンローは6・3・3制改革の具体化にも影響力を発揮しました（阿部 2004）。アメリカ留学帰国後も師弟関係が継続したことに加え、アメリカがロックフェラー財団や中華教育文化基金董事会（1924年発足）により、中国の教育に対して高額の助成を行い、特にコロンビア大学を中心とした人材育成のサイクルを完成させていました。

　ただし、全国教育会連合会での討論を経て、「教育宗旨」改訂は教育研究の結果により変更する余地を残す「教育本義」となり、学制改訂は地方による柔軟な対応を認める立場で行われ、一体性を持つものにはなりませんでした。特に「教育宗旨」案は毎年のように提案・議論がなされ、統一性や民族主義を盛り込もうとする動きに飲み込まれていきます（小川 2017）。アメリカモデルの教育改革は、教育専門雑誌の論壇を大いに賑わせたとはいえ、実質的には江蘇省教育会や一部の大学教員の活動に限られていたといえます。

3.　多彩な教育研究の高まり

　なお、戦後の世界的な新教育の影響はアメリカ経由ばかりでなく、日本書籍の翻訳も経ており、楊賢江、任白濤らが大正自由教育を含めた現代教育思潮を紹介したことにも注意が必要です。百花繚乱の教育研究の高まりの中、1922年9月、『教育雑誌』は「現代教育思潮」特集号を出しましたが、収録13論文中4本が日本の8大教育主張を紹介し、さらに1本が日本の論文の翻訳でした。それらは、アメリカの実用主義と対をなすドイツの新理想主義を詳細に紹介しています。時期を同じくして、第1次大戦中にフランス等欧州で盛んになった勤工倹学（働きながら留学する）運動により、欧州滞在経験のあ

る李石岑らが個人と社会の調和や教養と人生哲学の重視を主張する教育学説を提示していました。1920年代には、五四運動で展開された西洋的な個人主義、功利主義、科学重視の提唱に対する反発として、東洋の精神文明を再評価する思想が論壇に登場し、やがて東西文化論争へと発展します。

このように、中国国内では、アメリカ一辺倒にならない思想基盤が常に存在していました。それは、同時進行で、五四運動で異を唱えた山東省の日本権益がパリ講和会議で結局追認されたこと、第1次大戦による欧州の甚大な被害から科学への懐疑や東洋哲学への回帰が生じたこと、共産主義の高揚と五三〇運動等を通じて列強の「帝国主義」イメージが浸透したことにより、「欧米モデル」も救国の効果を疑われ始めていたからです。

Ⅲ　ナショナリズムの台頭にみる「合理性」

1. 国家主義

『教育雑誌』とならぶ有力雑誌『中華教育界』執筆者を中心に、愛国、救国の精神を培う国家主義教育を唱える論説が展開されました。それは、諸外国の「文化的侵略政策」に抵抗し、中国固有の歴史・文化に根差す精神的要素を重視し、「国性」を発揚すべきだと考えていたからでした。論者の一人である余家菊は、大戦の平和ムードを受けて改編された「教育本義」を批判して「教育救国論」を再提起し（小野寺 2011）、また陳啓天は、「中国教育宗旨問題」という論説（『中華教育界』第14巻第7期（1925年1月））において、1922年の新学制系統改革令の標準7項目を中国の内憂外患を解決するという需要に合わないとして批判し、中国の独立と統一を掲げ、国家主義に則った教育政策と経済政策を主張しました。彼らは「健全な国民を養成し、独立精神を発揮し、共和思想を育成する」という「教育宗旨」を主張します。ここでいう健全な国民とは、公共心を持ち、法律を遵守し、国民としての義務を

果たす人を意味しており、共和思想というのも、他者に対する相互扶助や共感の心を持ち、国民同士の調和を重視することを示唆し、当時高揚していた政党の派閥争いや学生運動を避ける意図がうかがえます。かつて教育調査会が起草した教育宗旨と酷似した文言でありながら、内容は、国に奉仕する温和な国民へと読み替えるものでした。

　国家主義教育の主張者たちは、アメリカの教会教育・平和主義・個人主義のみならず、ソ連の指導を仰ぐ共産党の革命論をも批判し、共産党と論争も起きていました。広東に本拠地を置く中国国民党（1919年改組）は、教育目的においてナショナリズムが最優先されるという原則に立ち、政治教育によって国民意識を養成する姿勢や、外国の教会教育からの教育権回収の主張など、国家主義者との共通点も多く有していました。このような背景の下、1925年以降、全国教育会連合会の大会で「教育宗旨」に民族主義を入れようとする提案が何度も登場します。主張する地方教育会は、いずれもかつて辛亥革命を牽引した革命派の拠点にあり、国民党・共産党の活動家が行き交っており、孫文らが「三民主義」を中国国民党の基本理念として体系化し、全国統一に乗り出した「国民革命」の影響も受けていました。

2.　中国の独自性の強調

　実用主義の導入は中国国内の調査や農村教育を流行させ、中国の教育界に社会の実態を意識させました。また、マルクス主義の伝播は、教育と政治の分離状態に異論を呈しました。その過程で、舒新城や荘沢宣らが、中国の社会や政治状況の独自性に向き合い、根本的な改革と新たな中国教育の創造を求める声を上げ、陶行知がデューイの思想を反転させた「生活即教育」を掲げる郷村教育を実践していきました。舒は、教育による富強の成果が上がらない理由は、清末以来の外国教育制度の「無目的、無系統の臨時模倣」にあると分析し、「小農制」の中国社会は外国の資本主義教育とは異なるため、中国は国際社会において経済的に独立していないという現状に立脚した、中

国教育の「中国化」「土着化」が必要であると唱えました（阿部 1993）。このような中国社会・国際地位の特殊性という認識は、1920年代後半の教育権回収運動や国家主義とも同調しながら、中国の教育界に広まっていきました。

3. 三民主義教育

　蔣介石らは孫文の遺志を継いで1926年に北伐を開始し、1927年にはコミンテルンや共産党との協調路線を排して国民党による南京国民政府を成立させ、1928年末には全国統一を果たします。1928年6月に国民革命軍は北京を占領して北伐完了を宣言し、軍事統一を目指す初期段階の「軍政」から、国民党が政権を代行し最終段階の憲政に備えて民衆を訓導する「訓政」へ移行することになり、これに並行して国民党の方針が国家教育方針に強く反映されました。1928年5月に開催された第1次全国教育会議では、「三民主義的教育」を「教育宗旨」とする案が可決されました。注目すべきは、三民主義のうちの「民主主義」「民生主義」の解釈です。多くの教育宗旨案を審議した1928年7月の中央執行委員会第5次全体大会では、原案の「民主主義」という表現に対しては、欧米とは異なる「五権分立と四権の応用」だとし、「社会革命」という表現に対しては、（共産主義のような）破壊だけでなく社会建設を重視する立場から、三民主義の真意を示していないとして不採用とし、彼らが掲げる三民主義教育の独自性を顕示しました。1929年4月、国民政府は「中華民国教育宗旨及其実施方針」を公布し、上述の原案の表現を避け、「教育宗旨」を「三民主義に根拠し、人民の生活を充実し、社会の生存を扶植し、国民の生計を発展させ、民族の生命を永続させることを目的とする。つとめて、民族の独立、民権の普遍、民生の発展を期し、以て世界の大同を促進する」と定めました。教育部政務次長の馬叙倫は「教育宗旨」を解説するにあたり、中国は帝国主義の侵略を受け、半植民地と政治の混乱と経済の退廃という特殊な国家状況にあるとし、三民主義こそがそれらを解決し、中国の人々の生活を守り、「生存」を可能にすると強調しました。そしてこれ

までの「徳育・知育・体育」を掲げた「つかみどころのない」外国の教育学説の踏襲や、青年に対する学校教育の失敗の原因である放任主義から脱却すべきと述べました。以後、この教育方針を原則として、若干の修正はあるものの、国民党政権の台湾移転まで、教科や各種の行事・活動そして社会生活にわたり政治教育を導入した「三民主義教育」が実施されていきます。なお、民国初年から争点となっていた儒教道徳は、孫文の思想に基づき、「忠孝、仁愛、信義、和平」という普通教育の国民道徳になりました。

4. 大学区・大学院制

　興味深いのは、かつて政治と教育の異質性を強調し、教育行政を教育界に委ねることを求めた「教育独立論」の提唱者であった蔡元培、五四運動時期にデューイに師事し民主主義を宣伝した蒋夢麟が、国民党の重鎮として、前後して国民政府の教育行政の中枢を担い、教育と政治が一体化した三民主義教育の推進に貢献したことです。彼らは、政党の理念を教育方針とすることに完全に同意したわけではないのですが、第一に、民国成立後から教育界が模索してきた課題を、南京国民政府が国家事業として制度化することで教育行政に進歩的な教育人士の活躍の場が設けられたこと、第二に、学生運動や党内外の軋轢を鎮静化し、統一され安定した教育行政を実現するねらいにより、協調姿勢を取りました。

　特に蔡元培は、南京国民政府の最初の教育行政委員となり、フランスに倣い、1927年、教育部や教育行政委員会に代わり教育行政と学術研究を統括する最高機関「大学院」を創設し、その統轄を受け各区の大学校長が教育行政を担う大学区制を実行に移しました。1928年には、学術研究の最高機関として、中央研究院（国立アカデミー）も創設しました。これらの機関は、蔡がかつて『教育独立議』（1922）で考案した理想を実現するものであり、これまで「軍閥」によって軍事費に転用されがちであった教育経費や頻繁な教育行政官の更迭を教育界の自主管理によって解決し、教育推進の安定化を図ろう

とする教育界の要求に応えたものでした。大学院は1928年に第1次全国教育
会議を招集した際、三民主義組、教育行政組、教育経費組、職業教育組、科
学教育組、芸術教育組等に分かれて協議を行い、1920年代に蔡らが取り組ん
だ経費独立や教育権回収等の運動を継承しました。また、同会議の開会の辞
で蔡は、三民主義教育を協議する目的を、過激でも保守でもない訓育（特に
学生の政治運動から学問への回帰）の検討だと述べ、三民主義教育を教育宗旨
とする過程に、大学院としても個人としても関わりました。蔣夢麟も社会と
国家に奉仕する「公民」育成の訓練を相当に重視しており、学生運動が政客
（特に共産党）に利用されるのを警戒し、国民政府の全国統一後は安定した人
材育成を行うべきとする意識を共有していました。三民主義に「青年」の統
一思想となる作用を期待したのです。

　なお、大学院・大学区制は、これを中央集権、高等教育優先の行き過ぎと
みなす一部の国民党員や、大学経費の増加に対し小中学の教育経費が削減さ
れ、窮状が改善されないことに不満を募らせた小中学校教員によって反対運
動に遭い、大学院は1928年に、大学区制は1929年に廃止されました（高田
1986）。ただし中央研究院は存続し、上述の諸教育政策も1931年の訓政時期
約法（臨時憲法に相当）に盛り込まれて続行されました。教育経費の総額は毎
年増加し、比較的安定した状況となり、識字教育と義務教育にも普及の効果
がみられました（陳進金 1997）。三民主義を崇める儀式などで形骸化した学
校教育を批判する声は常にあったものの、教育行政に一定の成果も示し、教
育界の支持を維持しました。

　フランスに倣った大学院・大学区制の失敗以降、中華民国の教育方針にお
ける中国独自路線の強調は確定しました。三民主義が、孫文への個人崇拝、
伝統的道徳規範、壮大な近代化計画、国民党の政治方針、青年の訓育の手段
等あらゆる要素を包括し、中国土着の思想の代表となることで、教育方針と
しての地位を固めました。こうして、共和制を求めて奮闘した民初15年間と
は裏腹に、段階論によって、「党治国家（一党独裁）」形式を優先し、憲政の
実現を後回しにした国民党が、最終的に長期にわたって政権を維持すること

になったのです。

IV　ソ連に学ぶ「合理性」

1.　動機

　第1次大戦中、1917年にロシア革命が起きて帝政ロシアが倒れ、史上初となる社会主義国家・ソビエト政権が誕生したことは、世界中に衝撃を与えました。中国では、「公理と強権の戦い」として宣伝された第1次大戦でドイツが敗れたにもかかわらず、五四運動で中国の輿論が返還を唱えた山東省の権益について、パリ講和会議で欧米列強が日本の権益を追認した失望と相まって、新生ソビエト政権に「公理」を期待するムードが生まれました。中国においても、李大釗、陳独秀が『新青年』『毎週評論』誌上にマルクス主義を紹介し、マルクス主義の著作が相次いで翻訳、出版され、新文化運動の一翼を担いました。彼らはマルクス思想学説研究会を発起し、1921年には中国共産党を結成しました。1921年『新青年』第8巻第2号、第4号、第5号では、「ロシア研究」のコラムに「ソビエトの平民教育」等、革命後のロシアの教育改革が紹介され、新しい教育の在り方として注目されるようになります。1920年代末、楊賢江は日本亡命中にソビエトの教育制度や理論に触れ、『教育雑誌』等の誌上に紹介したほか、『教育史ABC』（1929）、『新教育大綱』（1930）を著し、唯物史観による教育史を描きました。同書は後に国民政府によって発禁処分を受けますが、中国共産党の革命根拠地で師範学校の教科書として用いられました（顧明遠 2009）。陳、李、楊は日本留学経験があり、彼らを含む共産党員の多くが、幸徳秋水、河上肇、山川均らの著作を通じて、大正期に日本で流行していた共産主義思想を吸収しました。

　また、ロシア共産党を中心に1919年に結成され、各国の革命を支援するコミンテルン（国際共産主義組織）が、1920年から直接中華民国の政治勢力に働

きかけ、ロシア人政治顧問を派遣し、経済援助を行いました。中国共産党の結成、1924年の孫文による「連ソ・容共・扶助工農」を掲げた国民党改組および黄埔軍官学校設立は、コミンテルンの指示に呼応したものでした。また、モスクワに1921年、東方勤労者共産主義大学が、1925年に中国労働者孫逸仙大学が設立され、ソ連留学も行われるようになりました。

　孫文の指示でソ連を視察し、共産党に不信感を抱いた蒋介石は、やがて1927年に共産党を排除して南京国民政府を樹立します。政府から弾圧される対象となった中国共産党員は、江西省等の山奥を転々とし、「ソビエト区」を銘打つ革命根拠地を作り、区内に「ソビエト大学」等の幹部養成学校や5年制の「レーニン小学校」を設立し、「土地革命」、識字教育、労働しながら学ぶ大衆教育を行いました。ただしそれは各種各様の実践を主とし、ソ連の教育理論に裏付けされた体系的なものではありませんでした。ソ連留学から帰国した党員を抑え、中国共産党内ですでに主導権を掌握していた毛沢東の「新民主主義論」に基づき、1940年、中国共産党中央書記処は「新民主主義教育」を国民教育の目標に掲げ、「これはすなわち、マルクス・レーニン主義の理論と方法を出発点とした民族民主革命の教育と科学に関する教育のことである」と提示しました。

　日中戦争終結後、国民党と共産党の内戦が勃発しました。共産党の占領地となった東北の「解放区」には多くのロシア人も居住しており、彼らを介しソ連の教育経験を学ぶ活動や、教材や教育理論に関する翻訳、紹介が行われていました（顧明遠 2009）。中国共産党の先導の下、1949年、中華人民共和国が誕生すると、ソビエト文化使節団が訪中し、ソ連の支援を受けた諸政策が実施され、教育もソ連の方式を採用しました。建国後すぐ、劉少奇は、中国がソ連に学び国家建設を行うべき理由を、「ソ連は世界でもそこにしかない完璧な新科学技術を多く持っており、例えば経済学・銀行学・財政学・商業学・教育学等の新しい科学知識は、ソ連からのみ習得することができるのである」と述べています（朱永新 2013）。米ソ冷戦体制は1950年に朝鮮戦争を勃発させ、隣接する中国は、中国を国家として承認し中ソ友好同盟相互援

助条約を結んだソ連の陣営に入り、社会主義による国家建設を決断しました。その結果、教育政策も「ソ連一辺倒」となり、敵対するアメリカおよびその影響下にある台湾に逃亡した蒋介石ら「中華民国」の遺物を批判の対象としました。

2. 影響

　1950年代、社会主義国家を掲げる中華人民共和国は本格的にソ連をモデルとし、ソ連もまた中国へ豊富な援助を行いました。その結果、1950年代前半は、国民経済の回復、教育建設の面で顕著な成長がみられました。

　1950年、ソ連教育のモデル校として中国人民大学が設立され、ハルビン工業大学が拡充されました。また、1949年から60年代半ばまで、中国の教育部と高等教育機関はソ連から861人の顧問を招聘しました（顧明遠 2009）。北京師範大学にソ連の教育学者カピノワやガリーナが招聘され普通教育と幼児教育の顧問を兼任し、講義や視察を行う等、各地の大学や専門学校にソ連の専門家が招かれ、人材育成を担当しました。その際、中国の大学教員を彼らの助手としたり、クラスを設けて研修を行ったり、ソ連の専門家が作成した講義録や教材を残すなどして、ソ連の教育理論や教授法を伝授しました。一方、1950年には、中国国内で初めて、労働者や農民のための速成中学を12か所開設し、彼らに教育機会を与え、高等教育に連なる学校教育系統に組み込みました。1951年には学制改革が行われ、1953年以降は小中高校のカリキュラムにもソ連の方法が実践されました。さらに、毎年200人を超えるソ連への留学や企業実習生派遣も行われ、専門知識だけでなく、ソ連の文化も持ち帰りました。

　これと同時進行で、ソ連の教育指導計画や教育指導要領等の文献や資料が、翻訳プロジェクトを経て大量に中国語に翻訳され出版されました。特に、ソ連の師範学院教育学部の教科書であるカイロフ著『教育学』（1948）は、中国語訳が人民教育出版社から出され、教師の必読書となり、中国の教

育理論に重要な影響を与えました。そのほか、「集団主義教育論」で有名な
マカレンコや、ゴンチャロフ、エシーポフらソ連を代表する教育家の著作も
翻訳されました。

　ただし、これらの「ソ連に学ぶ」活動は一方向的な国家政策であり、懐疑
的な知識人には自己批判を求める等、思想改造運動を伴うものでした。教科
書にはマルクス・レーニン主義や毛沢東思想が盛り込まれ、政治科目が設置
されるとともに、学校単位で共産党の下部組織である少年先鋒隊や共産主義
青年団が設けられ、青年学生に対する思想教育が強化されていました。

　また、ソ連や中国に大きな影響力を持つカイロフの教育理論は、教育と政
治（階級）の不可分な関係を前提とし、プロレタリア階級および共産主義政
党に奉仕する共産主義的教育を主張し、教授法においては教師主導の計画的
で系統的な知識の伝授を重んじました。カイロフは、従来の教育思想や哲
学、特にデューイの実用主義教育思想への批判の上に、自己の「ソビエト教
育学」を構築しようとしましたが、彼の理論は期せずしてヘルバルト教育理
論や中国の伝統教育等と親和性を持ち、そのため中国教育において土着化し
やすかったと顧明遠（2009）は指摘しています。この傾向に則り、中国でも
アメリカ留学経験者で教育史家の曹孚がデューイ批判の論文を発表し、この
動きはその後、デューイの教育思想を中国式に発展させた陶行知の「生活教
育」や陳鶴琴の「活教育」に対する批判にまで発展しました。

　さらに、技術者の養成を急務とする中国政府は、高等教育を無償化し、大
学を統廃合し、国家に必要な人材を計画的に養成する方針を立てました。こ
れにより単科大学を中心とした工業発展のための人材を養成するソビエト方
式が導入され、北京鋼鉄工業学院や北京航空工業学院、北京地質学院といっ
た工学系、自然科学系の単科大学が設立されました。一方で、法律、政治、
経済などの文科系の学科は削減され、理系偏重の傾向が生じました。また、
アメリカの影響を払拭するため、燕京、金陵、嶺南などミッション系教育機
関の校名が抹消され、私立学校は国家に接収されることになりました。

3. 再び中国独自路線へ

　しかし1957年末から、フルシチョフのスターリン批判を契機に中ソ対立が顕在化し、1960年にはソ連の技術者が中国から引き揚げ、中ソ関係は修復不可能な状態になっていきました。周辺国との外交問題も抱えていた中国は独自の政治路線を目指し、1958年から60年代初めの「大躍進運動」、1966年から76年にかけての「文化大革命」を展開します。ソ連の修正主義を批判する風潮の中、中国の教育界はカイロフ教育学を知育偏重などとして批判するようになり、政治運動の中で、ソビエト教育が重視した教師の権威や高等教育に対する破壊が行われました。とはいえ、ソ連から受け入れた教育制度は基本的に維持されており、それらを毛沢東思想や中国史の営みのうちに読み替えました。こうして、中華民国期に、独自の三民主義を掲げる南京国民政府に対抗するため、中国共産党は理論武装や政治動員の手段としてレーニンやスターリンの共産主義を運用し、ついに中華人民共和国建国により社会主義国家建設を実現しましたが、ソ連モデルは、中国ナショナリズムと土着化の中に埋没し、影響力を失うことになりました。

　その後、改革開放により海外の様々な教育学が流入し研究され、また、大量の留学生が外国での教育経験を得ています。文化大革命で荒廃した経済の立て直しに、鄧小平は日本の高度経済成長期の経済政策を参照したといわれますが、東欧での社会主義国崩壊の影響を受けた民主化運動および1989年の天安門事件の衝撃もあり、中国政府は外国思想への接触に一定の警戒を怠りません。ソ連崩壊後、中国は「社会主義市場経済」を掲げ、「愛国主義教育」を展開し、GDP世界第2位となってからは、「中国式現代化」によりアメリカに対抗しうる強国となる新たな秩序構想を抱き、長期にわたる独自路線模索に入っています。

おわりに

　ここまで、近現代中国の教育改革における外国モデルの変遷について、西洋の学問を吸収しながら、どのような条件の下に選択されていったのかを、当時の政治背景と照らしながら明らかにしました。

　まず、日清戦争を契機にアジアの新興国として日本の国民教育が注目され、清朝政府は光緒新政を発し、明治日本における立憲君主政体と和洋折衷の各種制度を導入して、穏健かつ効率的に近代化を進めようとしました。これを官民挙げた視察、留学、学校教育、翻訳・出版が後押しし、特に法政・教育・軍事に携わる近代知識（基礎的な教養）を備えた人材が多く生まれ、中国各地に広まり、蓄積することになりました。共和国を掲げる中華民国誕生後も、基本的にこの時の制度や人材、知識が運用されました。

　しかし第1次大戦中に日本の中国に対する派兵や外交を巡って中国で反対運動が起き、戦後の国際外交をリードしたアメリカと、社会主義国家という新たな秩序を体現したソビエト連邦に、中国の近代化モデルとしての期待が移っていきました。折しもアメリカは義和団賠償金返還によってアメリカ留学を活性化し、デューイら著名な新教育運動家と中国人帰国留学生の直接的な関与の下、人文科学の専門人材育成と研究プロジェクトを進め、学際的なプレゼンスを勝ち取りました。職業教育や6・3・3制が学制に導入されたことや、中国人教育家による「科学的」な教育理論や「実用主義」的な教授法の紹介、郷村における教育実践等はその産物です。一方、ロシア革命に刺激され、日本の社会主義者やコミンテルンとも関わりながら、共産主義を研究するグループも登場しました。彼らは社会運動や党軍組織の実行者として活躍しました。そのほか、東洋哲学を追究するグループ、国家主義を主張するグループ等、多彩な思想が花開き、論争や政治活動も展開されました。

　ただし強力な政府が不在の「軍閥割拠」状態にあり、民間主導の活動の実効力は限られていました。外国モデルは徐々に批判の対象へと変わり、その後、土着性の高い思想として歓迎されたのが、孫文思想に基づく「三民主義

教育」でした。蔣介石率いる南京国民政府は1928年に北伐完了を宣言し、中国を統一して、ついに中央政府主導の全国的な教育改革を実行し始めます。その教育政策を担った蔡元培らは、1920年代に様々な外国の教育経験を試行錯誤し、失敗を重ねた結果、安定した教育を実施するために国家の枠組を重視し、一つの教育理念や国内秩序の統一を最優先し、政治教育によって国民の凝集力を高める方針を自ら選択していきました。

　これに対し、中華人民共和国初期のソ連モデル教育は、冷戦下の選択肢がない中で採用されました。社会主義に則り、国家の強い主導により、ソ連の専門家が直接、理論や制度や教材を伝授し、全国のほぼ末端にまで教育の機会が浸透し、理系を中心とする高度人材が育成されました。ただし10年もせずに、中ソ対立という外交問題により、技術協力が打ち切られるという国家関係の脆さも抱えていました。以後、中国は外国モデルに依拠しない独自路線を模索します。

　このように、清末から中華民国にかけての教育方針は、画一的なものと柔軟なもの、諸外国に範を取るものと儒教のような国粋に求めるものとの間を右往左往しましたが、中国の為政者も教育関係者も、基本的には国家主導で、統一的な教育システムの下、エリートの意見を結集し、中国独自の理念によることで教育改革を進める趣向がみられました。そして、外国モデルを採用する場合は、基本的に一つの国のみが模倣対象とされることはなく、「中国の実情に合うか」に必ず言及し、「盲目的」に踏襲せず、速く効率的に各国の成果のみを折衷的に取り入れようとしています。その際、国際情勢における戦勝国、新興国であることに言及していることから、教育が国家の富強に直接つながる、またそうでなければ意味がないという考えがうかがえます。さらに、日本、アメリカ、ソ連のように先方の政府から積極的な経済支援を得られ、科挙の資格や大学教員への就職、共産党員としてのプレゼンス等、留学帰国後の立身出世につながる教育システムを有していることも重要なインセンティブになるようです。

　明治期に「学制」（1872）から「教育勅語」（1890）の公布に至る中央主導

の教育行政を完成させ、列強との条約改正を完了させた日本と異なり、中国では、辛亥革命による体制転換後17年間、ほぼ一貫して強固な中央政府を持たず、政治勢力の交代のたびに、人事や方針も動揺し、度々変更される状況にありました。むしろ教育関係者の自発的な連携により、この時期に、大量かつ多彩な海外の教育思想や教育方法が流入し、学問の自由や民主主義に対する一定の理解が生まれたことは、中国の内発的な学問追究の力量を表しているといえるでしょう。列強に倣った教育近代化の過程により、人文学中心であった伝統教育は、教育宗旨の説明に体育や科学の重視を必ず含むように変化しました。多彩な学術分野への理解は、中央研究院等の研究機関を拠点とした学術研究の深化を生み出しました。日中戦争下では蔣介石ら日本留学経験者が日本研究や新生活運動を牽引しました。中華民国期の外国教育学の蓄積がなければ、中華人民共和国成立直後のソ連モデル教育システムの迅速な浸透や、一度は文化大革命で否定された海外の教育学が改革開放後の中国で再び熱心に研究されることはなかっただろうといわれています。

　そしてまた、軍事による全国統一を果たし、積年の課題を継承し、解決していくことによって、最終的に政党による統治がエリートの支持を集め、「公民」育成を優先課題とした歴史は、現代中国を考える上でも示唆的です。中国がいかなる文化的選択をしてきたのか、そこに日本がどのように関わってきたのかを知ることは、今後の日中関係を考える上でも重要な課題です。

参考文献

阿部洋『中国近代学校史研究——清末における近代学校制度の成立過程』福村出版、1993年

阿部洋『「対支文化事業」の研究——戦前期日中教育文化交流の展開と挫折』汲古書院、2004年

小川唯「新しい時代の「国民」をつくる——中華民国成立後の教育方針制定の模索」岩下哲典他『東アジアの秩序を考える——歴史・経済・言語』春風堂、2017

年

小野寺史郎「1920年代の世界と中国の国家主義」村田雄二郎編『リベラリズムの中国』
　　　　有志舎、2011年

川島真『シリーズ中国近現代史2　近代国家への模索：1894-1925』岩波新書、2010年

経志江『近代中国における中等教員養成史研究』学文社、2005年

顧明遠著、大塚豊監訳『中国教育の文化的基盤』東信堂、2009年

黄東蘭『近代中国の地方自治と明治日本』汲古書院、2005年

朱永新著、王智新訳『朱永新中国教育文集2　中国現代教育思想史』東方書店、2013
　　　　年

園田茂人・新保敦子『叢書中国的問題群8　教育は不平等を克服できるか』岩波書店、
　　　　2010年

高田幸男「南京国民政府の教育政策」中国現代史研究会編『中国国民政府史の研究』
　　　　汲古書院、1986年

土屋洋「清末の修身教科書と日本」並木頼寿・大里浩秋編『近代中国・教科書と日本』
　　　　研文出版、2010年

村田雄二郎編『新編原典中国近代思想史第2巻　万国公法の時代──洋務・変法運動』
　　　　岩波書店、2010年

陳進金『抗戦前教育政策之研究──民国一七年至二六年』近代中国出版社、1997年

関暁紅『晩清学部研究』広東教育出版社、2000年

第3章

語学、通訳の現場からみた
合理性

汎用化された"老师"の使用をめぐって
——ことばからみる中国の変化と中国人の合理性

曹　泰和

はじめに

　ことばは時代とともに変化します。1978年、中国政府は改革開放という政策を取り、その後、中国には劇的な変化がありました。ことばにおいては、新しい外来語を多く取り入れることになり、また、もともと中国語にある語彙は社会の変化に伴い、新しい用法や意味が生まれ、それは目まぐるしいものでした。"老师"という語彙は、その一例です。

　"老师"は狭義と広義に分けることができると考えられます。狭義は知識を伝え、学生を育てる教育者を指すことばです[1]。広義には非教育者も含みます。ここで"老师"の汎用化というのは教育者ではない人を呼ぶときに使う場合を指します。つまり広義としての使い方です。現在、中国ではいわゆる"老师"の汎用化現象が起こっています。例えば、テレビの場合ですと、司会者はゲストを、またはゲストは司会者を"老师"と呼んだりします。それから俳優、舞踊家、歌手、美容師、スタイリストなどにも"老师"と呼ぶ場合があります。さらに、インターネットの普及につれ、インフルエンサーも"老师"と呼ぶ場合があります。もっとも極端な例は、道を尋ねるときに見知らぬ人を"老师"と呼ぶ場合です（これは山東省でみられた例です）。このような例はまだ一部の地域でしかみられない現象ですが、とても興味深いことです。

　本論では、"老师"という語彙がどのように変化したのか、まず、語源という視点からスタートし、"老师"の歴史的変遷をみてみたいと思います。それから、大学生、大学教員、社会人を対象に調査を実施し、"老师"の使

用状況を再確認します。最後に、汎用化現象をもたらした要因は何なのかを探ってみたいと思います。

I "老师"の歴史的変遷

中国の最初の辞書で後世に大きな影響を与えた『説文解字』（以下、略して『説文』とします）では、"老"の解釈について、"七十曰老"（70歳を老人という）、さらに、髪の毛が白くなった人を指すと書かれており、70歳の白髪の人を指すことばだとわかります。

"師"については、『説文』では"二千五百人为师"（2500人を「師」とする）と書かれており、軍隊の編成規模を示すことばだとわかります。中国の南北朝時代に編纂された『玉篇』の解釈には、"教人以道者"（人に真理を教える人）と書いてあり、このときには"師"はすでに「教える人」という意味を指すようになっていたとわかります。

では、いつから"老师"ということばが生まれたのでしょうか。"老"の語源については、王力（1980）の研究が先駆的なものです。また"老师"の語源について、もっとも詳しく書かれた論文は田正平・章小謙（2007）の"'老师'称谓源流考"（"老师"の語源についての考察）です。以下では、これらの先行研究を参考にして原文の確認を行いながら"老师"という語彙の歴史的変遷をみてみたいと思います。

田・章（2007）の考察によると、"老师"という語彙は、『春秋左氏伝』僖公33年の"老师费财，亦无益也"（軍隊を長い間疲弊させ、財政を逼迫させるのは、何も良いことがありません）が初出だと指摘しています。ここでの"老"は衰弱、疲労の意味を表し、"師"は軍隊を指します。"老"と"師"を合わせると、軍隊を疲労させるという意味になります。つまり、春秋時代頃の"老师"は現代のような使い方ではありませんでした。

では、現代のような「先生」としての使い方は、いつ頃から始まったので

しょうか。王力（1980）では、“老師”の出現は大変早く、『史記』孟子荀卿列伝にすでにあることが述べられています。『史記』には“荀卿最为老师”という表現があり、ここでの“老”は年を取るという意味を表しています。そして“师”は名詞で学問に精通する人、技能が優れている人を指します。“荀卿最为老师”は、荀卿はもっとも年配で学問が優れている人だという意味になります。“最为老师”という言い方は後世に大きな影響を与え、その後、度々使われるようになります。

　“师”については、唐宋八大家の一人である韓愈の『師説』において、“师者，所以传道、受业、解惑也”（「師」とは、真理の教えを伝授し、学問を教授し、疑問を解いてくれる人である）というように“师”がどのような人を指すのかが明確に書かれています。唐代、宋代に入ると、“老”と“师”が結合し、“年高德劭，学识渊博的学者”（年嵩で人格の優れている、学識の深い学者）を指すようになります。また、唐代、宋代の文献をみると、“老师”は“大儒”“宿儒”ということばと一緒に用いられる場合が多くみられます。韓愈の『読荀』には“六经与百家之说错杂，然老师大儒犹在”（六経と諸子百家の説は玉石混交であるが、しかし学問の優れている大儒がまだいる）と書かれ、“大儒”は学問が優れて、人格も優れている人を指します。また、“老师”と“宿儒”を一緒に使う例として、『新唐書』孔穎達列伝には“颖达为冠，又年最少，老师宿儒耻出其下……”があり、「孔穎達はもっとも優秀で、またもっとも若い、年長者で学問が優れた人たちは彼より劣ることに対し恥じている……」という意味になります。“宿儒”とは長年儒家の経典を研究する人、または知識豊富な年長者を指します。

　“老师”と“大儒”“宿儒”を一緒に使うことには、宗教との関連性が窺えます。漢の時代に仏教が中国に伝来しました。そして、唐代、宋代に入ってから宗教を伝道する人を“老师”と呼ぶようになったのです。

　王力（1980）は唐代から、“老〜”の一部の語彙において、“老”は年を取るという形容詞から接頭辞に変化したと述べ、例えば、“老兄”の“老”は年を取るという意味はすでになくなっており、さらに“老师”の“老”が接

頭辞となったのは清朝になってからだと指摘しています。

唐代、宋代では、"老师"と呼べる人は伝教師に限り、一般的な教育者には"老师"を使いませんでした（田・章2007）。唐代詩人王建の"送山人二首"の詩には"辛苦老师看守処, 为悬秋药闭空房"という句があり、"老师"は苦労してそこに住み、薬を作るために、一人で部屋に閉じこもるという意味です。ここの"老师"は道士（道教の宗教職能者）のことで、唐代では和尚なども指し、"老师"は限られた人のみに用いられていたことがわかります。

周知のように、中国では598年から1905年まで、約1300年にわたって科挙という官僚登用試験がありました。唐代、宋代では試験官を「座主」と呼びます。明朝になると、門生が座主を"老师"と呼ぶのは慣習となり、清朝になると、教官のことを"老师"と呼ぶようになりました。清朝の陳其元著の『庸閑斎筆記』には"督抚同声叫老师"（督撫（清朝の地方行政の高官）たちは"老师"と呼んでいる）とあり、地方官僚たちが教官のことを"老师"と呼んでいたことがわかります。

このように、「座主」を"老师"と呼び、一般の弟子または官僚が教師を"老师"と呼ぶに至るまで、その変遷は長い年月を経てきました。そして"老师"と呼べる人が多くなるにつれ、道徳の面においても知識の面においても以前ほど高い要求がなくなりました。しかし、"老师"と呼ばれる人が"为人师表"（人のお手本）ということばで表されるように、"老师"にはいわゆる一般人の模範になるという意味合いがあります。

清朝末期の洋務運動の際、多くの学堂が建設され、そこで教える教師のことを"老师"あるいは"先生"と呼びました。ただ、"老师"と"先生"はまったく同等ではなく、塾や蒙学、義学の教師は、科挙合格の名誉がないため、"老师"と呼んではいけませんでした（田・章 2007）。つまり、"老师"は"先生"より上のランクに位置付けられていました。しかし、20世紀に入ってから、幼稚園や小学校の教師も"老师"と呼ぶようになり、20世紀初頭には、"老师"と"先生"のどちらも同じように使うようになりました。

中華人民共和国建国後、"同志"の呼び方が一般的となり、男性、女性を

問わず "同志" と呼びあっていました。また、文化大革命のときは "老师" は "臭老九"（知識人をねたんで罵ることば）の一員とみなされ、社会的な地位が下がるにつれ、人々からの尊称ではなくなっていきました。

　改革開放以降は、知識人が再び尊敬されるようになり、"老师" の地位も再び回復しました。また "先生" の呼称にも変化があり、男性を呼ぶときの丁寧な呼び方、教養が高く、学識が優れている人に用いることのできる特別な呼称ともなりました。そして、後者の場合は性別と関係なく使えます。例えば、著名な女性作家である楊絳は "先生" をつけて "杨绛先生" と呼ばれています。この経過をみると、"先生" の呼称はランクアップし、それとは対照的に "老师" の汎用化現象が起こっていることが予測されます。

II　"老师" をめぐる調査及び分析

　"老师" の汎用化現象が具体的にどのように起こっているかを分析するために調査を行いました。本調査の目的は、主に "老师" ということばの使用状況を明らかにするために行ったものです。教員以外の人を "老师" と呼ぶことに対する容認度や心理を探り、"老师" の汎用化現象をもたらす要因を考えてみようと思います。また、教員に "老师" と呼びかけない現象があるかどうかも調査内容に取り入れ、そして、その背景にある理由を考えてみたいと思います。

1. 調査対象者・調査方法及び調査内容

　本調査は、（ⅰ）大学生・大学院生（166名）、（ⅱ）大学教員（56名）、（ⅲ）社会人（56名）という3つのグループに分け、アンケートを実施しました（具体的な内容は【付録】を参照してください）。対象者は、長春出身者がほとんどですが、中には大連、北京、石家荘、河南、内モンゴル、重慶、広州の出

身者もいます。グループにより質問の数と内容が異なる場合があります。詳細は以下の通りです。

  （ⅰ）大学生：第1問は回答者の性別を記載させ、質問内容は第2問から第18問。

  （ⅱ）教 員：第1問は性別、第2問は回答者の年齢層を記載させる。質問内容は第3問から第10問。

  （ⅲ）社会人：第1問は性別、第2問は回答者の年齢層を記載させる。質問内容は第3問から第16問。

【調査方法】

「小程序」というアプリにある「問巻星」を使用し、アンケート内容を入力しました。そしてWeChatを通じて回答してもらいました。

【調査内容】

A：〈経験〉―実際に呼ばれたことがあるかどうかを問う。

B：〈想定場面〉―特定の場合においてどう呼ぶかを問う。

C：〈容認度〉―そのような呼び方に対し容認できるかどうかを問う。

D：〈心理〉―そのような呼び方をする心理を問う（教員のグループはCとDを合わせた質問になっている）。

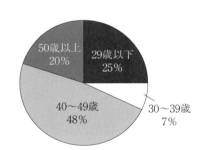

図1

　男女の割合については、（i）大学生グループは男性115名（69%）：女性51名（31%）、（ii）大学教員グループは男性14名（25%）：女性42名（75%）、（iii）社会人グループは男性17名（30%）：女性39名（70%）です。

　年齢構成について、大学生は20歳〜25歳（大学院生を含む）、大学教員と社会人の年齢構成は図1の円グラフに示した通りです。

2.　調査結果及び分析

教師以外の人を"老师"と呼ぶ場合

　教師以外の人に"老师"と呼びかけることの有無については、大学生（大学院生を含む）は〈有〉95名（57%）、社会人は〈有〉42名（75%）となっています。このように、大学生、社会人のいずれも教師という職業以外の人に"老师"（先生）と呼びかけたことがあり、しかもその割合が半分以上となっています。社会人のほうが割合が高いという結果になりましたが、それは、社会人は大学生と比べ、様々な人に接する機会が多いからだと考えられます。このような結果から、教師以外の人を"老师"と呼ぶことは特別なことではないことが窺えます。

　大学生への第3問は「あなたは同年齢の人または先輩を"老师"と呼んだことがありますか？」というものです。回答結果は、〈有〉58名（35%）、〈無〉108名（65%）となっています（ここで同年齢の人や先輩というのは大学生や大学院生を指します）。なぜ学生身分の人を"老师"と呼ぶのかを考えてみると、恐らく、知識を与えてくれれば相手が教師であろうがなかろうが関係ないという心理でしょう。

　次は「"网红"（インフルエンサー）に対して"老师"と呼んだことがありますか？」という質問です。これに対し、大学生は166名のうち〈有〉と答えたのは5名（3%）、もっとも多いのは〈無〉の回答で、115名（69%）でした。また、〈誰のファンでもない〉という項目を選択した人は46名（28%）いました。社会人の回答結果は大学生との共通点がみられ、〈有〉は1名

（2％）、〈無〉は36名（64％）、〈誰のファンでもない〉のは19名（34％）でした。このような結果からインターネットを通しての交流相手に"老师"と呼ぶのはまだ極めて少数派だということがいえます。

　大学生向けのアンケートでは、「図書館の職員を"老师"と呼びますか？」「学生証を申請する際に、教務の職員を"老师"と呼びますか？」の質問を設けています。前者の回答結果は、〈はい〉128名（77％）、〈いいえ〉38名（23％）でした。後者の回答結果は、〈はい〉125名（75％）、〈いいえ〉39名（24％）、〈その他〉は2名（1％）でした。7割以上の人が図書館の職員、教務の職員を"老师"と呼ぶという結果をみると、"老师"という呼称は知識を伝える人に用いるほか、「お世話になる相手」にも用いられることがわかります。本調査では、さらに、以下のような〈想定場面〉を設定し、大学生と社会人に尋ねました。

　　①先生の家を訪問する場合、先生の奥さんをどう呼びますか？（先生の奥さんの年齢はあなたの親よりだいぶ年下です）

　　②有名な監督、例えば、張芸謀の講演を聞きに行く場合、監督にどのように呼びかけますか？

　　③若い俳優と一緒に写真を撮りたいとき、"老师"と呼びますか？（例：雷佳音さんと写真を撮りたい場合）

　　④教養のある雰囲気の年配の方に道を尋ねる場合、"老师"と呼びますか？（例：（　　），请问去车站怎么走？）

　　⑤教養のある雰囲気の若い人に道を尋ねる場合、"老师"と呼びますか？

　では、その結果を一つずつみましょう。

　〈想定場面〉①は（1）"阿姨"（おばさん）、（2）"老师"（先生）、（3）"师母"（先生の奥さん）(5)、（4）"其他"（その他）という4つの選択肢を設けています。大学生の結果（図2）をみると、もっとも多かったのは"师母"という呼称の使用で、7割以上を占めています。先生の奥さんの年齢は回答者の親よりだいぶ年下という設定にもかかわらず、先生の奥さんのことを「师＋母」のように捉えるのは、中国らしいところといえるかもしれません。ま

た、中国語の"阿姨"は親しみや尊敬の意味もあり、上の世代の女性を呼ぶときに使う呼称で、日本語の「おばさん」のニュアンスとはだいぶ異なります。それから、先生の奥さんにも"老師"と呼ぶケースは1割あり、"師母"と合わせると、8割以上の大学生は先生の奥さんのことを"師"という位置付けにしていることがわかります。〈その他〉の欄には"姐"（お姉さん）と書いた人が3名、"您"（あなた）と書いた人が1名、"師娘"（"師母"と同じ意味を表す）と書いたのも1名でした。また、社会人の回答は大学生と同じ傾向を示しています。これは、恐らく、回答者は学生時代の記憶をたどり、あるいは昔の先生を訪問するという想定の下で回答したと考えられます。"阿姨"と呼ぶのが少ない分、"老師"と呼ぶ割合が増えました。そして、大学生、社会人ともに先生の奥さんを呼ぶのにもっとも多かったのは"師母"であるという点において、中国人の"尊師"（師を尊敬する）、"愛師"（師を愛する）という思考様式を反映しているように思われます。つまり、先生の家族まで尊敬する、また、先生の奥さんに「母」をつけて呼ぶところから親族のような「親しい存在」「敬愛すべき存在」「身近な存在」といった気持ちを表現していると思われます。そして"師母"は"老師"と比べると、上の世代を指す呼称であることから、目上に対する尊敬の気持ちがよりはっきりと現れています。

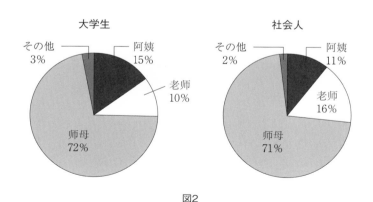

図2

〈想定場面〉②は、監督という職業の人に対し、どう呼ぶのかを調べるものです。選択肢は、(1)"张导演"（張監督）、(2)"张老师"（張先生）、(3)"老师"（先生）、(4)"关系不近的话不叫老师"（親しくなければ"老师"と呼ばない）という4つの項目を設けています。集計する際に、(2)と(3)を合算し、(4)を「その他」に配当しました。大学生の結果と社会人の結果を下記の円グラフ（図3）に示します。

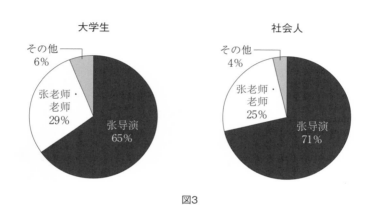

図3

結果に示されたように、どちらのグループも"张导演"（張監督）という呼称を使う割合が多いことがわかります。"导演"は"老师"と違って、「社長」や「校長」のような肩書としての意味を持つため、丁寧度の高い呼び方となります。一方、監督のことを"老师"と呼ぶ場合は、親しみの気持ちを特に表すときだと推測できます。また、〈親しくなければ"老师"と呼ばない〉の項目を選択した人は、大学生は10名（6%）、社会人は2名（4%）のみでしたが、これは一つしか選択できないからだと思われます。"老师"という呼称は"律师""医生""导演"といった呼称と違って、感情的な一面を持っているとよく指摘されます。つまり、職業で呼ぶか、"老师"で呼ぶか、を判断する基準の一つは相手との「親しさ」によるところがあるのです。"老师"という語彙は情的な、いわゆるコノテーションとしての意味が

あります。

〈想定場面〉③は、「若い俳優と一緒に写真を撮りたいとき、“老师”と呼びますか？」という質問です。これについても、大学生と社会人に尋ねました。大学生の回答は、〈はい〉47名（28％）、〈いいえ〉119名（72％）でした。社会人の回答は、〈はい〉26名（46％）、〈いいえ〉30名（54％）でした。なぜ、社会人は大学生より〈はい〉の割合が多いのかを考えてみると、まず中国の大学生は基本的にはキャンパス内で生活を送っています。毎日接しているのは大学の教師で、“老师”という呼称がどのような人を指すのかについて社会人より明確です。それに、社会人と比べ、様々な職業の人に接する機会が少なく、そのため教師以外、あるいは学校以外の人を“老师”として認識する度合いが比較的低いと考えられます。一方、社会人になると、様々な人に接する機会がある一方、学校の先生に接する機会が大学生より少なく、そのため“老师”が指す対象は大学生と比べそれほど明瞭ではないと思われます。したがって、ある方面において優れていると思えば、“老师”と呼ぶ、つまり教師以外の人を“老师”と呼ぶことへの抵抗感は大学生より低いと思われます。これは、前述図2の結果でもみて取れます。したがって、社会人が教師以外の人を“老师”と呼ぶ割合は大学生より明らかに高いのです。もう一つ考えられる要因としては、社会人は大学生と比べて人間関係を重視するからといえるかもしれません。コミュニケーションを円滑に行うために、相手を立てる、場合によって「お世辞をいう」というようなことは、社会に出る前の大学生より社会人のほうが多いと考えられます。“老师”という立場の人はやはり尊重される存在で、そのように呼べば相手が喜ぶというような心理が働けば、相手が教師であろうがなかろうが関係なくなってしまいます。

〈想定場面〉④の大学生の回答は、“老师”（先生）10名（6％）、“对不起”（すみません）4名（2％）、“您好”（こんにちは）152名（92％）でした。社会人の回答は、“老师”（先生）1名（2％）、“对不起”（すみません）0名（0％）、“您好”（こんにちは）53名（95％）、“其他”（その他）は2名（3％）でした。こ

の結果をみると、道を尋ねるとき、"您好"（こんにちは）を使う人がもっとも多いということがわかります。一方、大学生の回答から、見知らぬ人に道を尋ねるときに"老師"で呼びかけるような現象は確かに存在しています。社会人グループにも1人いましたが、この回答者の出身地をみると、重慶の出身者でした。陳慧敏（2020）では、重慶出身者が道を尋ねるときに見知らぬ人を"老師"と呼ぶ割合は63%にも達しているという調査結果を得ています。また、なぜこのような結果になったのか、陳（2020）は、「道を尋ねる場合、尋ねる側は助けを求めるため、できるだけ敬意を表す呼称を選びます。そうすれば相手が喜び、喜んで助けてくれます。したがって、相手の身分や職業を知らない場合、敬意の意味を持つ"老師"で呼ぶのはとても良い選択です。それによって、相手の職業、身分を曖昧にすることもできれば、敬意を示すこともできます」と分析しています。本論の調査結果と陳（2020）の調査結果を比べると、大きく異なることがわかります。本論の調査対象は北方出身者が中心です。結果の違いは、大まかにいえば南方と北方に由来するものだと考えられます。もう少し厳密にいうならば、これらの結果は調査された地域に現れた現象で、どこまで拡大しているのかはまだはっきりしていません。

　〈想定場面〉⑤の大学生の回答は、"不会（叫老師）"（先生と呼びかけない）は154名（93%）、"会（叫老師）"（先生と呼びかける）は12名（7%）、社会人の回答は、"不会（叫老師）"（先生と呼びかけない）は53名（95%）、"会（叫老師）"（先生と呼びかける）は3名（5%）でした。このように、年配者に対しても若者に対しても、見知らぬ人には"老師"と呼びかけないのが一般的です。一方、"老師"と呼ぶ現象が確かに存在するということも改めてわかりました。

　また、興味深いことは、大学教員に「見知らぬ人に道を尋ねられたとき、"老師"と呼ばれたことがありますか？」と質問したところ、〈有〉と答えたのは17名（30%）で、3割も占めています。これについて、一つ考えられる理由として、教員へのアンケートでは例文を挙げなかったため、キャンパス内での会話場面を想定した可能性があります。キャンパス内なら教師にとっ

て面識のない学生や警備員などに"老师"と呼ばれるのはよくあることです。また、服装や雰囲気から教員だと判断されれば、"老师"と呼ばれることも考えられます。場合によって、キャンパス外でも"老师"と呼ばれることがあるかもしれません。学生の回答から示されるように、道を尋ねるときの呼びかけとして"老师"を使う、見知らぬ人を"老师"と呼ぶという現象は北方でも間違いなく存在しているということでしょう。ただし、まだ一般的な現象ではないといえます。

教師以外の人を"老师"と呼ぶことに対する容認度及びその心理

【容認度について】

容認度についての質問内容はまず、「見知らぬ人に"老师"と呼びかけることに対し、受け入れることができますか？」を大学生と社会人に尋ねました。〈はい〉の回答について、大学生は91名（55％）を占め、社会人は37名（66％）を占めています。このように、見知らぬ人に"老师"と呼びかけることに対し、どちらも肯定派が半数を超えていることから容認度が比較的高いといえます。また、社会人が大学生に比べて肯定派多数なのは経験が豊富で、また、"老师"ということばへの認識の範疇が異なることに原因があるのではないかと考えられます。容認度についての問題は、上記のほか、以下のような3問を設けました。

①美容師に"老师"と呼びかけることに対し、受け入れることができますか？

②歌手に"老师"と呼びかけることに対し、受け入れることができますか？

③インフルエンサーに"老师"と呼びかけることに対し、受け入れることができますか？

これらの質問を大学生と社会人に尋ねたところ、①に対して、〈はい〉と答えた大学生は56名（34％）、社会人は24名（43％）でした。美容師に対する呼び方は、年齢と関係があります。年配の美容師には"师傅"（先生）と呼

ぶ傾向がみられます。また名前を尋ねてから苗字の前に"小～"をつけたり、"老～"をつけたりします。何も呼ばない場合もありますが、会話する際に何らかの呼称をつけて話すのは中国式です。本調査は容認度についての質問で、実際どのぐらいの人が"老师"を使っているのかは不明です。インタビューでは、美容院の受付の店員は美容師を"老师"と呼ぶことが多く、客、特に若い客も店員と同じく美容師を"老师"と呼ぶことがあるそうです。また、スタイリストに"老师"と呼びかけることが多いというのも回答者へのインタビューからわかりました。スタイリストという職業が目新しくなくなったのはここ数年のことで、新しい職種の出現に伴い、ことばや人々の認識面において、様々な変化が起こっています。

　②の質問の回答において、〈はい〉と答えた大学生は64名（39％）、社会人は33名（59％）でした。社会人の容認度は大学生と比べ大きく上回っていることがみて取れます。ほとんどの項目には、このような傾向がみられました。理由も前述した通りですが、ここでは、マスメディアという視点から考えてみたいと思います。テレビでは、司会者は新人歌手を選ぶ審査員にだけではなく、ベテラン歌手にも"老师"と呼びかけることがよくあります。90年以降は、番組が多様化し、バラエティーが台頭してきました。以前のように一方的に放送するというマスメディアのスタイルは、観客を巻き込むスタイルへと大きく変化してきました。つまり、歌手に対し"老师"と呼ぶ現象は、マスメディアからの影響があるかもしれません。なぜ、大学生の容認度は社会人より低いのかという問題に戻ると、大学生の行動範囲はまだ限定され、社会人よりいわゆる一般的な社会現象などに影響される度合いが小さいからと考えられます。

　③の質問は、近年現れた"网红"（インフルエンサー）という現象に対するものです。中国の人口は14億ほどいるので、いわゆる"网红"は何百万、何千万のファンを持っています。"腾讯"（Tencent）というサイトは2021年フォロワーランキング10位以内の国内"网红"のファン人数を公表しました。それによると、1位の李子柒は8000万のフォロワー、2位の李佳琦は

6500万のフォロワー、また10位の "小団団" も6000万のフォロワーを持っているということです。"网红经济" という新語が生まれたように、"网红" がもたらす経済効果も決して看過できないものとなっています。さらに、経済だけではなく、人々の認識、特に若い人の価値観にまで影響を及ぼしています。③の回答結果をみると、〈はい〉と答えた大学生は25名（15%）、社会人は8名（14%）でした。これまでにみてきた美容師や歌手と違って、"网红" を "老師" と呼ぶことの容認度が2割にも届きませんでした。また、僅かですが大学生の容認度は社会人より高い結果となっています。これは、若い年齢層ほどネット使用者が多く、また若い人ほど新鮮なことに興味を持ち、それを崇拝する傾向があるとも考えられます。"网红" を "老師" と呼ぶ容認度の低い原因は、いろいろと考えられますが、多くの "网红" の年齢が若く、それに内容面においては、知識を伝えるというより、田園風景の動画（李子柒は美しい田園風景の中で様々な創作料理などを作ることで人気を博した）や化粧品の宣伝、販売（李佳琦は口紅を勧めることで人気を集めている）といった生活面のものが多いからだと考えられます。このような結果から、"老師" は、どの業界の人に対しても使えるというわけでもないといえます。

【心理面について】

　本論は、どのような心理で、教師以外の人を "老師" と呼んでいるのか、その心理背景を探るため、アンケート調査を行いました。選択肢に、（1）〈尊敬を表す〉、（2）〈親しみを表す〉、（3）〈ほかの呼び方がないから〉、（4）〈その他〉という4つの項目を設けました。調査対象は大学生と社会人で、複数の項目を選択可能にしています。結果は、下記の図4に示した通りです。

　図4に示されたように、教師以外の人を "老師" と呼ぶ一番の理由は尊敬の気持ちを表そうとする心理です。これは、"老師" には、知識や教養、また "温文尔雅"（態度が穏やかで立ち振る舞いが上品）のようなイメージがあるからでしょう。また、親しみを表すことができるのは、"老師" ということばが持つ特徴といえます。そして、ほかにふさわしい呼称がないことも要因

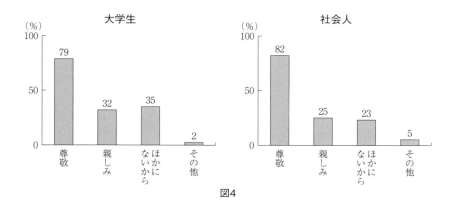

図4

の一つとして考えられます。この問題の詳しい論述は、第3節に譲りたいと思います。

教師を"老师"と呼ばない場合

　"老师"使用の汎用化とは逆に、教員を"老师"と呼ばない現象も起こっています。以前は、教員同士、また学生は教員に対し"〜老师好"（例えば、"王老师好!"）というふうに呼びかけていましたが、ここ数年、"院長"（学部長）、"主任"（主任）と肩書をつけて呼ぶことが増えています。また、大学院生は指導教官を"老板"（社長）と呼ぶことがよくあります。さらに、若手の教員を「お姉さん」「お兄さん」と呼ぶような新しい現象もみられます（董益帆・李福華 2020）。本調査のもう一つの目的は、教員に"老师"以外の呼び方をしたことがあるかどうか、あるとしたらどのような呼称を使っているのかを明らかにすることです。「教員に"老师"以外の呼び方をしたことがあるか否か」を大学生と社会人に調査したところ、〈有〉と答えた大学生は、34名（20%）、社会人は16名（29%）を占めています。〈無〉がほとんどである一方、大学生も社会人も2割ほどの人は教員を"老师"以外の呼び方で呼んだことがあるという結果が出ました。社会人の場合は理由を推測しやすいのですが、大学生も社会人と同じ2割ぐらいが「教員を"老师"以外の

呼び方で呼んだことがある」というのは興味深い現象です。「呼び方を具体的に書く欄」には、"老师"以外の呼び方で呼んだことがあると答えた大学生の回答として、"霞姐"（霞姉さん）、"林哥"（林兄さん）、"姨"（おばさん）、"名字"（フルネーム）、"老板"（社長）、"老魏"（魏さん）、"英文名"（英語の名前）、"小名"（ニックネーム）などと書いてありました。その中でもっとも多かったのは「苗字＋"姐"／"哥"」「"老"／"小"＋苗字」と書いた回答でした。教員を親族呼称で呼ぶというのは、近年みられる現象かもしれません。一方、社会人の回答欄をみると、"张姐"（張姉さん）、"名字"（フルネーム）、"老大"（ボス）、"姐姐"（お姉さん）、"哥哥"（お兄さん）、"叔"（おじさん）、"院长"（学部長）、"老王"（王さん）といった内容でした。社会人の回答内容は大学生と同じで、親族呼称を書いた人がもっとも多くいました。他人を親族呼称で呼ぶ傾向は中国の北方、特に中国の東北ではよくみられる現象です。他人との距離を縮めるには一番効果的な方法と考えていることもあり、以前からの慣習という一面もあります。「お姉さん」「お兄さん」のような親族呼称で先生を呼ぶのは日本ではほとんどみられないことです。日中対照の視点からこれは中国式の表現、中国人の思考様式といって差し支えないかもしれません。

　大学教員への質問には、「あなたは学生に名前で呼ばれたことがありますか？」の項目を設けています。〈有〉と答えたのは4名（7％）でした。また、「学生に"老师"のほか、別の呼称で呼ばれたことがありますか？　ある場合、具体的に書いてください」という項目の回答結果は、〈有〉は20名（36％）となっています。さらに、この設問の回答には、"林老"（林さま）、"姐（姐）"（お姉さん）、"哥（哥）"（お兄さん）、"老板"（社長）、"老大"（ボス）、"班主任"（担任）、"叔叔"（おじさん）、"小名"（ニックネーム）、"姨"（おばさん）との記入がありました。これらの回答からわかるように、実にバラエティーに富んでいます。"姐""哥"を書く人が複数おり、教師の回答内容と学生の回答内容に多くの一致がみられました。

　本調査では、教員向けのアンケートで、「もし学生に名前で呼ばれたらど

う思いますか？」ということも尋ねました。回答結果では、〈友人のような関係〉は8名（14％）、〈かまわない、受け入れる〉は15名（27％）、〈失礼〉は33名（59％）でした。この結果をみると、名前で呼ばれることに対し、失礼だと思う教員が半分以上いる一方、友人のような関係というポジティブな考えの教員も一定数いるということがわかります。また、「かまわない」という中立的な捉え方を合わせると、名前で呼ばれることに対し、反感を持っていない教員は4割以上いることがわかります。教員を親族呼称で呼ぶケースから、教員が学生にとって「身内のような存在」、あるいは身内に近い存在として認識されることは反面、教師はもう「威厳のある存在」ではないという側面も示しています。教員と学生の関係が変化しているのと同時に、教員自身の認識も変化しているように思われます。

　大学生への調査項目では「あなたは先生に"老板"（社長）と呼びかけたことがありますか？」という質問を設けました。結果、〈有〉は15名（9％）で、ほとんどが大学院生でした。また、大学教員に「あなたは学生に"老板"（社長）と呼ばれることに対し、どう思いますか？」と尋ねたところ、〈尊敬を表す〉は6名（11％）、〈親しみを表す〉は20名（36％）、〈呼ぶべきではない〉は29名（52％）、〈その他〉は5名（9％）という回答を得ました[6]。このように、約半数の教員は"老板"の呼び方には否定的でした。一方で、尊敬と親しみを合わせてみると、47％を占めており、肯定的に捉えている人も少なくないことから、教員の認識が分かれていることが窺えます。〈その他〉には"无所谓"（かまわない）と回答したのが4人で、"赶时髦"（最近の流行）と回答したのが1人でした。年齢をみると、年嵩の教員に否定的な意見が多くみられます。教員を"老板"と呼ぶのはここ十数年の新しい現象で、大学院生と指導教官の関係はもう学生と教師だけではなく、「雇用者」と「被雇用者」のような一面も持ち合わせており、つまり、大学院生は指導教官から報酬を得るという現状もあることから、雇用関係と同じような呼び方が使われるようになったと考えられます。

　"老师"の呼称の汎用化に伴い、"老师"ということばに含まれるいわゆる

"含金量"（価値）が薄れてしまうことも考えられます。"老师"のいわゆる「ことばの価値」が低下すれば、それに代わるようなことばが生まれることも予測されます。このことを調べるため、本論では、教員向けのアンケートで以下のような質問を設けました。「あなたは"教授"と呼びかけられたことがありますか？」、そして場面を統一するため"王教授，今天下午有空吗？"（王教授、今日の午後は空いていますか？）の例文も添えました。結果は〈有〉と答えたのは30名（54％）で、半数ぐらいでした。図1には教員の年齢層を示しています。40〜49歳の教員が52％を占めもっとも多く、30歳〜39歳は21％で、50歳以上は25％で、29歳以下は2％になっています。つまり、回答者は比較的若い教員たちです。にもかかわらず、直接「教授」と呼びかけられた経験のある教員は半分以上の54％にも達しています。これもここ数年で現れた新しい現象でしょう。教授ということばは、もともと身分を示すもので、口語で直接相手を呼びかける場合には使いませんでした。これは、やはり"老师"の汎用化に伴い、"老师"との差をつけるためにできた新しい呼称ではないかと推測できます。

III "老师"汎用化現象の要因

語彙・言語習慣からの要因

　語彙からの要因として以下の5つがあると考えられます。1つ目、前述したように"老师"の"老"は清朝から接頭辞になり、年を取るという意味がなくなりました。したがって、意味を担うのは"师"の部分です。これは"律师"（弁護士）、"工程师"（エンジニア）、"医师"（医者）などと比べると、その違いがわかります。"律师"のような場合において、"律""工程""医"は意味の中心成分を担い、"师"は接尾辞になります。弁護士、エンジニア、医師という専門性が高い職業を指すのに対し、"老师"の"师"は「教える人」という意味ですので、"师"の語彙自体が示す対象が広いというこ

とがわかります。これは、"老师"の汎用化現象をもたらす内的な要因ではないかと考えられます。

　2つ目は、"老师"ということばが持ついわゆる〈情的意味〉です。ことばには、〈明示的意味〉と〈副次的意味〉、または〈情的意味〉があります。〈情的意味〉というのは、親しみ、馴れ馴れしさ、改まった感じなどを指します（大島 2011）。"老师"ということばは「尊敬」や「親しみ」という〈情的意味〉の部分を持っています。つまり、このことばを使うことによって、尊敬や親しい気持ちを表すことができるのです。これについては、本調査の結果でもはっきりと出ていました。社会人と大学生に教師以外の人を"老师"と呼ぶ心理について尋ねると、〈尊敬を表す〉を選んだのは、社会人46名（82％）、大学生131名（79％）、〈親しみを表す〉を選んだのは、社会人14名（25％）と大学生53名（32％）でした。〈情的意味〉はさらに、道徳や性格にまで及ぶことがあります。現在でも使われている"为人师表"（人のお手本）、"温文尔雅"（態度が穏やかで立ち振る舞いが上品）といったことばで示されるように、"老师"は人々の「お手本」であり、「穏やかで品がある」というコノテーションを持っています。これらも"律师"といったことばが持っていないニュアンスです。

　3つ目、"老师"は呼びかけるときの呼称として使うことができます。例えば、"王老师"と呼ぶだけで挨拶になります。一方、"教师"や"医师"のようなことばは、このような使い方がありません。呼称として使えるということは、使用頻度の高さにつながります。使用頻度が高ければ高いほど、人々にとって身近なものになります。これも汎用化現象をもたらす要因の一つとして考えられます。

　4つ目、呼称の欠如です。本調査において、調査内容には教師以外の人を"老师"と呼ぶ心理について、〈ほかの呼び方がないから〉という選択肢を設けました。その回答をみると、大学生の35％、社会人の23％はこの理由を選んでいます。この結果から「呼称の欠如」という理由で"老师"を使用している人は一定数いるということがわかります。日本語と比較する視点から考

えれば、「〜さん」のような便利な呼び方がないので、肩書も知らない相手に尊敬や親しみの意味を表す "老師" を呼称として選んだのは、比較的「良い選択」となります。

5つ目、中国人の言語習慣です。日本では、美容師や図書館の職員と会話する場合、また見知らぬ人に道を尋ねる場合は、個人に対する呼びかけのことばを使用しなくてもかまいません。しかし、これは中国人の言語習慣で考えるとあまり好ましくなく、場合によって失礼にあたります。中国人の言語習慣として、相手を呼んでから会話を進めるのは礼儀正しい言語行動とされます。このような中国人の言語習慣は、"老師" の汎用化現象の後押しになったとも考えられます。

社会の変化による要因

第1節では "老師" という語彙の歴史的変遷をみてきました。"老師" は荀子のような年嵩で人格の優れている、学識の深い学者を指すことから、和尚、地位の高い試験官、教官を指すようになり、そして、現代では、幼稚園から大学までの先生、監督、歌手、俳優、美容師、インフルエンサー、見知らぬ人まで指すようになりました。"老師" は時代とともに指す対象が変わってきました。これほどまでに社会の変化を反映する語彙はないのではないか、と思えるほどです。社会が変化し、それに伴い人間関係や価値観、思考様式も変化します。その結果、呼称として用いる "老師" の使用範囲が変わったのだと思われます。呼称はいうまでもなく人間関係を表すことばです。どのような呼称にするべきなのか、各々の時代のルールに従わなければならないことが多く、政治的な色合いの強い60年代、70年代では "同志" が使われていました。80年代では、"師傅" がよく使われ、また "先生" "小姐" の呼び方が復活しました。90年代からは "美女"（きれいなお姉さん）、"帅哥"（かっこいいお兄さん）を呼称として使うようになり、現在は、若者に対する呼称として "小哥哥"（お兄さん）、"小姐姐"（お姉さん）の呼び方が流行しています。他の呼称と比べ、"老師" は年齢と関係なく使え、政治的な

色合いもありません。また、科挙が1300年も続いたことからもわかるように、多くの中国人は教育を大変重視しています。文化大革命後、知識が再び重視され、教える立場にある教師が社会全般において尊重されるようになりました。そのため、教師以外の人に尊敬の意を示すためにも"老师"を用いるようになりました。このように、社会の変化はことばの変化をもたらし、逆に、ことばの変化から社会の変化、人々の価値観の変化も窺うことができます。

心理的な要因とストラテジー

"老师"という立場が尊重されるようになるにつれ、この呼び方を使えば、相手が喜ぶ、また相手に対する尊敬の意を表すことができる、というような心理から"老师"という呼称は広く使われるようになったと思われます。新語の"高大上"（上品）から現在の中国人の価値観が示されたように、現在の中国では、「高級」「上品」を求める意識が高まっています。「品のある」"老师"という語彙を用いることによって、相手への尊敬を示すだけではなく、自分の品格を示すこともできます。また、日常的によく使う"有面子"（メンツが立つ）、"没面子"（メンツが立たない）ということばからでもわかるように、中国人は"面子"を大変重視しています。教師ではない相手を"老师"と呼ぶと、呼ばれている人は嬉しくなり、"有面子"になります。このような心理が"老师"の汎用化をもたらす要因になったのではないかとも考えられます。

ブラウンとレビンソン（1987）は、言語の使用面に視点を置き、円滑なコミュニケーションを行うためのストラテジーとして、人の気持ちを重視する「ポライトネス理論」を提唱しました。「ポライトネス理論」は、人間にはネガティブ・フェイスとポジティブ・フェイスという2つのフェイスがあると唱えたもので、前者は自分の領域を守りたい、他者に邪魔されたくない、踏み込まれたくないという欲求、後者は、他者に認められたい、受け入れられたい、尊敬されたいという欲求です。"老师"の使用は、相手を尊敬するこ

とを表すと同時に、親しみを表すこともできます。一般的に、尊敬と親しみを同時に示すのは難しいとされますが、"老師"という語彙はこの2つをうまく融合させています。"老師"を用いることによって、相手のポジティブ・フェイスが守られることになり、コミュニケーションがうまくいくということにつながります。つまり"老師"という呼称は、コミュニケーションを円滑に行うためのストラテジーになっているともいえます。これも"老師"の汎用化をもたらす要因の一つではないかと思われます。

おわりに

本論は、"老師"という語彙の語源からスタートし、アンケート調査を通じて、"老師"の汎用化現象を検証しました。そして"老師"の汎用化現象をもたらす要因について分析を行いました。階級の厳しい封建社会では"老師"はごく少数の特別な人にしか与えることのできない呼称でした。しかし、現代の中国では、「教える人」なら、教師であろうがなかろうが"老師"と呼べます。こういう点からみれば、中国人の「合理性」というものを垣間みることができます。また、"老師"という語彙の汎用化に伴い、大学教員に対する新しい呼び方、前述した直接"教授"と呼びかけるという現象から、いわゆる合理性は意図的に求めるとは限らず、社会生活の中で、自然に生まれてくるとも感じられます。

2000年も前から使われた"老師"という語彙を通して、中国の変化、中国人の思考様式が垣間みえたのではないでしょうか。

注

(1) "老師"は日本語の「先生」の意味ですが、使い方は異なり、弁護士、政治家、医者には"老師"と呼びません。狭義の"老師"は、学校の教員のみを指します。

(2) 蒙学は現代の幼稚園あるいは小学校にあたります。義学は無料で貧しい子ど

もに教育を提供する学校です。

(3)　"先生"は改革開放当初では、主に外国人の男性を呼ぶときに用いられました。

(4)　調査項目には学歴を入れませんでしたが、大学院生十数名にも依頼しました。9割以上は学部生です。

(5)　"師母"と呼びかけるのは中国語独特の表現で、日本語にはない呼称です。

(6)　複数の項目を選択した回答者がいました。

使用データベース：http://www.guoxuedashi.net/search/

参考文献

陈慧敏〈重庆话语中"老师"称谓泛化的现象及其原因〉、《重庆第二师范学院学报》第5期、2020年

董益帆・李福华〈论"双一流"建设背景下大学校园中的"老师"称谓与师生关系〉、《山东高等教育》第2期、2020年

黄南松〈非教师称"老师"的社会调查〉、《语言教学与研究》第4期、1988年

田正平・章小谦〈"老师"称谓源流考〉、《浙江大学学报》第3期、2007年

王力《漢語史稿》（中冊）中華書局、1980年

大島正二『中国語の歴史』大修館書店、2011年

Brown, P. and Levinson, S., *Politeness*, Cambridge University Press, 1987.

【付録】

〔1　大学生向けのアンケート内容〕

①你的性别

②有没有对教师以外的人称呼过"老师"？

③有没有对同辈人或学长叫过"老师"？

④如果你是某网红的粉丝，你有没有对网红称呼过老师？（没做过粉丝的不用回答）

⑤你会不会把图书馆的管理员叫"老师"？

⑥假如你想办学生证时，会不会称工作人员为老师？

⑦如果你去你老师家，你怎么称呼你老师的爱人？（你老师的爱人年龄比你父母小很多）

⑧如果某著名导演，如张艺谋导演去你们学校演讲，你会叫他什么？

⑨如果你想和一个年轻演员（比如，雷佳音）一起拍照，你会称呼他老师吗？

⑩当你向一位貌似有教养的长者问路时，你会不会临时叫他老师？

　　例如：（＿＿＿＿＿＿），请问去车站怎么走？

⑪当你向一位貌似有教养的年轻人问路时，你会不会临时叫他老师？

⑫你能否接受称呼不认识的人为老师？

⑬你能否接受称理发师为老师？
⑭你能否接受称歌手为老师？
⑮你能否接受称网红为老师？
⑯你认为对不是老师的人称其老师是一种什么心理？
⑰你有没有对某老师称呼过老师以外的称呼？ 如果有请具体写出称呼什么。
⑱你会不会称呼教你的老师（指导你的教授）为老板？

〔2　教員向けのアンケート内容〕
①您的性别
②您的年龄
③有没有陌生人向您问路时称呼您为老师？
④您的学生有没有对您称呼过"老师"以外的称呼？ 有的话，称呼过什么？
⑤有没有学生对您直呼其名？
⑥如果有学生对您直呼其名，您会怎么认为？
⑦对学生称呼导师为老板，您怎么想？
⑧有没有人直接称呼您为教授？ 比如：王教授，今天下午有空吗？
⑨打车的时候您怎么称呼司机？
⑩打车的时候司机称呼您什么？

〔3　社会人向けのアンケート内容〕
①您的性别
②您的年龄
③有没有对教师以外的人称呼过"老师"？
④有没有对同辈人叫过"老师"？
⑤如果您是某网红的粉丝，您有没有对网红称呼过老师？ （没做过粉丝的不用回答）
⑥如果您去您老师家，您怎么称呼您老师的爱人？ （您老师的爱人年龄比您父母小很多）
⑦如果某著名导演，如张艺谋导演做演讲，您会叫他什么？
⑧如果您想和一个年轻演员（比如，雷佳音）一起拍照，您会称呼他老师吗？
⑨当您向一位貌似有教养的长者问路时，您会不会临时叫他老师？
　　例如：(＿＿＿＿＿＿＿)，请问去车站怎么走？
⑩当您向一位貌似有教养的年轻人问路时，您会不会临时叫他老师？
⑪您能否接受称呼不认识的人为老师？
⑫您能否接受称理发师为老师？
⑬您能否接受称歌手为老师？
⑭您能否接受称网红为老师？
⑮您认为对不是老师的人称其老师是一种什么心理？
⑯您有没有对某老师称呼过老师以外的称呼？ 如果有请具体写出称呼什么。

中国語ネイティブ会議通訳者の
日本語運用能力について

神崎龍志

はじめに

　世の中には、フリーランスのプロ会議通訳者（逐次通訳・同時通訳）として活躍している人々がいます。

　日本国内で活躍する英語の会議通訳者は、明らかに日本人の方が数が多いですが、中国語の場合は少し様子が違っています。中国語会議通訳者には、中国語ネイティブ話者の数が少なくないのです。

　筆者は、フリーランスの中国語会議通訳者として24年間、大学に職を得てからも7年間、この仕事に携わってきました。

　「中国語」の会議通訳とはいえ、日本人のみのペアで仕事をすることがあります。しかし、より多くの場合においては、日本人と中国人で混合ペアを組み、通訳者が3名必要な場合は、日本人2名＋中国人1名、あるいは中国人2名＋日本人1名という組み合わせで会議通訳に臨みます。

　さて、本稿は、中国語ネイティブのトップクラスのプロ会議通訳者10名（女性9名、男性1名）を被験者として、日本語の運用能力や日本語訳の問題に関する質問紙に、日本語でご回答いただいたものを元に執筆しました。被験者の人選は、筆者が会議通訳のパートナーとして現場で仕事を共にしたことがあり、パフォーマンスを直に拝見したことのある方に限定しました。

　なお、トップクラスの意味するところは、複数の通訳エージェントに最高位であるAランクの通訳者として登録され、長年、会議通訳者として通訳案件を請け負ってきたということです。

　10名の被験者は、いずれも驚くほど流暢な日本語を操るいわゆる「言語の

達人」です。その達人たる所以は、質問紙からもわかるように、彼らの日本語スキルの向上および通訳の仕事への長期にわたる取り組みにあります。彼らの特殊性はそれだけではありません。それは、外国人として日本に定住し、日本社会とりわけ通訳業界において苦労や葛藤を経ながら実力を磨き、トップランクの通訳者にまで上り詰めてきたという点です。常に国籍や異文化の壁と向き合いながら、日本人プロ通訳者に交じって通訳業を何十年も続けてきたことを想像すれば、それがいかに容易ならざることであるのかがわかるでしょう。つまり、彼らは「異文化を汲み取り、体現する達人」でもあるのです。

　本稿の企図するところは以下の3点です。
①日本在住のフリーランスの中国語ネイティブ会議通訳者という存在について、理解を深めてもらう。
②会議通訳者を志す人、あるいは日本語学習者に、中国語ネイティブ会議通訳者の日本語の運用能力向上や日本語訳への取り組み、ならびに苦労や工夫などについて知ってもらい、参考にしてもらう。
③中国人学習者を対象とした日本語教育や通訳教育の品質向上のための一助とする。

　なお、本稿において、被験者の実名はすべて非公開とし、アルファベットA氏〜J氏で表記しました。

I　被験者の日本語学習歴と通訳経験年数について

1. 最初に、プロ通訳者になるまでの日本語学習歴について質問しました。（　）内は日本の会社での勤務年数です。
　　A氏：5年（＋5年）、B氏：6年、C氏：7年、D氏：13年（＋2年）、

E氏：1年半（+12年）、F氏：10年（+11年）、G氏：14年、

H氏：10年、I氏：10年（+10年）、J氏：4年（+8年）

　学習歴と会社勤務歴の合計値では、B氏（6年）、C氏（7年）の期間が一番短く、その分、若い年齢でフリーランス通訳者デビューを果たしています。残り8名は、当該合計値がいずれも10年を超え、十分な学習歴、会社勤務歴のどちらか、あるいは両方を経た後に、フリーランスへと転身しています。

　2.　次に、フリーランスのプロ会議通訳者としての経験年数についてうかがいました。

A氏：22年、B氏：30年、C氏：25年、D氏：24年、

E氏：17年、F氏：17年、G氏：11年、

H氏：22年、I氏：19年、J氏：24年

　1.で学習歴と勤務歴の合計値が小さかったB、C両氏の通訳経験年数は、それぞれ30年、25年と、10人中第1位と第2位になりました。

　3.　日本語学習歴、会社勤務歴、通訳歴3者の合計を見てみましょう。

A氏：32年、B氏：36年、C氏：32年、D氏：39年、

E氏：30年半、F氏：38年、G氏：25年、

H氏：32年、I氏：39年、J氏：36年

　G氏の25年から、D氏、I氏の39年までと幅はあるものの、被験者全員が25年以上にわたり日本語と関わってきたことがわかります。

　将来、通訳を目指している学生や社会人から、「プロの通訳者になるには

何年かかるのか」という質問をよく受けます。これは、第二言語学習のスタート時期や期間、大学での専攻、通訳養成学校在籍経験の有無、職歴から語学センスに至るまで、人それぞれ状況が異なり、一概にはいえません。

　ただ、上記の回答からわかるのは、大学や専門学校を含め合計6年の日本語学習歴で通訳者デビューを果たした人がいるものの、一流の通訳者になるためには25年以上の日本語歴が必要ということです。要は、最短の6年というケースはあくまで初級通訳者として通訳エージェントに登録されたに過ぎず、デビュー後、会議通訳の場数を重ね、スキルアップし、ランクを上げていくためには、やはり長い年月が必要であるということです。

Ⅱ　通訳スキル全般について

　通訳スキル全般について聞きました。「日本語能力を通訳可能なレベルまで到達させるためのスキルについて、最も重要と思われるスキルから順に、数字でご記入ください」という質問です。

　表中の数字は人数、横軸上段がスキル、縦軸は順位を表しています。

項目／順位	発　音	リスニング	文　法	語　彙	文脈理解	表現力	その他
1位	2	**5**	2	1	1		
2位		3	2	2	3		
3位	1	2	2	3	2	2	
4位	2		1	3	2	3	
5位	2		2	1	1	2	
6位	3		1		1	2	
7位						1	2

表1

　上位で最多を占めたのがリスニングです。被験者10名中第1位に5名、第2位に3名が、第3位に2名がリスニングを挙げています。

　第2位においては、リスニングと同じく3名の被験者が文脈理解を挙げています。

　また、語彙についても9名が1〜4位圏内に入れていることも注目しておくべきでしょう。

　たとえ、用語単位でのリスニングが問題なくできたとしても、文脈理解が曖昧で、スピーカーの発言の大意がつかめなければ、結局、正しく通訳することはできません。

Ⅲ　リスニングについて

　1.　通訳行為の端緒となるリスニングは、会議通訳のみならず、あらゆる通訳作業において最も肝心なプロセスです。通訳者がひとつあるいは複数の用語が聞き取れない、あるいは聞き間違ってしまった場合、訳出内容に「空白」、または「誤訳」が生じ、結果として通訳の品質は低下します。

　Ⅱの通訳全般についての質問で、第1位と回答した人が最多となったリスニングについて、中国語ネイティブ通訳者が日本語のリスニングのどこが難しいと感じているのか、具体的に述べてもらいました。

【具体例1】 発音から日本語漢語の漢字を判断できないことがあります。たとえば、「言明」と「厳命」など。

【具体例2】 長音の聞き取りが難しい。また、否定が文末に来るうえ、日本人が話すときに文末の発音が小さくなりがちなところ。また曖昧な表現が多いところ。

【具体例3】 語尾のニュアンスがつかめないときがあります。

【具体例4】 文法が複雑で表現がストレートではないところです。

【具体例5】 動詞が最後に来ることと二重否定など婉曲的な表現が多いこと。

【具体例6】 抑揚が乏しい、あるいは話のなかで句読点のようなポーズがな

いときに、聞き取るのが難しくなります。

【具体例7】 スピーカーの方に原稿を長時間、棒読みされると意味がつかみ
　　　　　　取れなくなります。

　具体例1が同音異義語、2が発音と語尾のニュアンス、3も語尾のニュアンスについて、4、5が文法および表現の曖昧さ、6、7がスピーカーの話し方によるリスニングの難しさに言及しています。

　つまり、ひとことで日本語のリスニングといっても、多様な要素によって構成され、それらに左右されてしまうことがわかります。

　リスニングの質を担保するためには、語彙レベルの理解、正確な文法理解、そして文脈理解が不可欠です。なお、ここでいう語彙とは専門用語を筆頭に、慣用句、諺、数字などです。

　2.　次に、最も役に立ったと思われるリスニング訓練法について聞きました。

【具体例8】 日本語のシャワーを浴びること。ニュースなどもよいですが、
　　　　　　日本人と会話することが大事です。

【具体例9】 映画とドラマをたくさん見ました。

【具体例10】 ニュースを含め、様々なジャンルのテレビを見ることです。

【具体例11】 インプット量を増やすように、ラジオのニュースをよく聞きました。

【具体例12】 多読多聴、経験、知識、背景の把握。

【具体例13】 日本語の歌を繰り返し聞いて、歌詞を書き取る練習をしました。

【具体例14】 基本的に語彙や理解力が上がれば、リスニングもついてくると
　　　　　　思う。シャドーイング、リプロダクションなどが効果的です。

　回答で多かったのが、「テレビニュースを見る」ことで、他にもラジオ、

映画、ドラマなど多様でした。歌詞のディクテーションをする方もいて、個性も見られました。具体例14の回答にもあるように、まず語彙量が十分でなければリスニング力も安定しないということになります。また、シャドーイング（音声を聞きながら再現する訓練法）とリプロダクション（聞こえてきた音声を記憶してそのまま再現する訓練法）もリスニング向上に有効であるとしています。

Ⅳ　発音について

　1.　発音については、「日本語の発音で特に難しいと思われるものはなにか？　最も難しいと思うものから順に、数字でご記入ください」という問いを立てました。

　ここで選択項目として挙げたのは、いずれも中国語とは異なる発音構造を持ち、中国語話者、特に初級・中級学習者を中心に間違いが多く見られ、完璧にマスターするにはそれなりの年数を要するものです。

項目／順位	アクセント	長音	短音	濁音	促音	抑揚変化
1位	**7**			1	2	2
2位	1	2	1	2	1	3
3位		2		1	1	2
4位			1	2	3	1
5位		2	2	1		
6位		1	2		1	1

表2

　日本語のアクセントを難易度の第1位に挙げた被験者が7名いました。

　中国語にも日本語と同様にアクセントの強弱があり、それによって意味合いが変わります。しかし、中国語のそれは文中で重要になる部分を強調して発音するだけであって、声調自体に変化はありません。

片や、日本語はもっと複雑です。

日本語のアクセントの違いを表す事例としてしばしば取り上げられる、「雨」－「飴」や「橋」－「箸」であれば、外国人でも一度しっかり覚えてしまえば、そうそう言い間違えるようなものではありません。

難しいのは、同じ漢字でも一字の語と二字熟語ではアクセントが変化する点です。たとえば、「猫」と「海猫」では、「猫」が頭高型の発音をするのに対して、「海猫」は平板型で、「みねこ」は音程が高くなります。日本語のアクセントには頭高型、平板型以外にも、中高型、尾高型もあり、中国語ネイティブ通訳者のみならず学習者全般を悩ませているといっても過言ではありません。

2.「発音に難しい点があるとすればなにか、具体例を挙げてお答えください」という質問には、以下のような回答がありました。

【具体例15】中国語に発音が似ているが、完全に一致しない音があります。「ね」「き」など。

【具体例16】「うん」の発音が中国語にはないので、難しかったです。

【具体例17】発音よりもイントネーションの方がより難しいです。

ここでも中国語の発音にはない日本語発音に関する指摘が見られます。

3.「日本語の発音の課題について、どのような訓練法で克服してきましたか？」という質問については、以下のような答えがありました。

【具体例18】ネイティブの発音をよく聞くようにしてきました。

【具体例19】NHKラジオ放送のシャドーイングをしました。

【具体例20】ニュースのシャドーイングをしたりして、意識的に矯正しようと努力してきました。

【具体例21】 アナウンサーの発音を徹底的に真似しました。

【具体例22】 NHKアナウンサーのシャドーイングをすることです。普段の
会話のなかで指摘されたらその都度、正しい発音やイントネー
ションに直しました。

【具体例23】 たくさん聞き、たくさん真似することです。

【具体例24】 個人的には朗読が効果あり。違いがわからないときがあり、未
だに克服できていません。

【具体例25】 プロのアナウンサーに指導していただきました。

【具体例26】 ドラマのセリフの物真似をしました。

　ニュース番組のアナウンサーの音声を使ってシャドーイングしたという回
答者が多くいました。プロのアナウンサーに指導してもらったという兵^{つわもの}もお
り、どうにかして発音をブラッシュアップしたいという意気込みが伝わって
きます。

V　語彙について

　1. 日本語の語彙をどのように増やしてきたかについて聞きました。「通訳
案件を通じて」「友人家族との会話」「テレビニュース」「ネットニュース」
「ドラマ」「映画」「新聞」「読書」「辞書・事典」「その他」の10項目のなかか
ら、トップ3を挙げてもらいました。

項目／順位	通訳案件	友人家族との会話	テレビニュース	ネットニュース	ドラマ	映画	新聞	読書	辞書・事典	その他
1位	**4**	1					1	3	1	
2位		1	2				4	3	1	
3位	2		1	2	1			2		1

表3

第1位に「通訳案件を通じて」を挙げた被験者が4名いました。次に多かったのが「読書」の3名で、第2位の3名も含めると6名になりました。また、第2位の回答で一番多かったのが「新聞」でした。

会議通訳者が、「通訳案件を通じて」語彙を増やすための最も一般的な方法というのは、まず会議で使われる発表資料や関連資料を読み込み、専門用語などの対訳をしらみつぶしに調べ、用語集を作成するという形です。こうした準備作業を経て、通訳現場でさらにアウトプットするわけですから、記憶への定着度も高くなり、専門用語が身に付いていきます。

読書に関しては、専門書と一般書に分けられますが、専門用語、日本語の語彙や慣用句、言い回しを収集し、新聞は社会的トピックについて語彙を収集することがメインでしょう。

2. 語彙についてはもう1点、「日本語の語彙習得にこれまで難しさを感じたカテゴリーを選んでください」という質問を提示しました。7つのカテゴリーから、難易度順にひとり3つ（人によっては2つ）選んでもらいました。

項目／順位	専門用語	慣用句	カタカナ用語	諺・古典	数字	日中同型異義語	その他
1位	4		1	4		1	
2位	2	4		4			
3位		2	2	1		1	2

表4

第1、2位の合計人数を見ると、諺・古典を挙げた被験者が計8名、専門用語が6名、慣用句が4名いました。

語彙だけの話ではありませんが、古文や詩歌を第二言語に訳すことは、日本語から中国語であれ、中国語から日本語であれ、容易なことではありません。たとえば、中国語のなかの定番の諺や四字熟語⁽¹⁾ならば、一旦しっかり暗記し覚えてしまえばよいですが、中国の詩歌となると、日本語ネイティブでも中国語ネイティブでも、出合頭で訳すのは相当ハードルが高いといえます。

　歴史や詩歌に通じている中国首脳の通訳をする際は、特に注意が必要です。たとえば、温家宝前首相は在任期間中、講演で古典詩文を多用しました。筆者も温氏のスピーチをテレビの生放送番組で同時通訳した際、事前情報がもらえないなかで、突然、詩歌が出てきて面食らった覚えがあります。

　3. また、「その他」と答えた方から以下のようなコメントが寄せられました。

【具体例27】どこかで目に触れて、辞書で調べるだけでは、身に付くことは
　　　　　ありません。必ずその言葉を使った例文をたくさん調べ、実際
　　　　　に使って文を作ってみることを徹底してきました。

Ⅵ　文法について

　文法については、質問紙で大きく取り上げることはせずに、基本的なことを質問しました。
　というのも、通訳者が日本語訳をするときに、文法上の間違いをしているようでは、聞き手が文脈を理解できず、意思疎通に齟齬が生じ、普通の通訳さえ務まらないからです。

　1. そこで、まず文法をどこで、あるいはどのようにして学んだのかについて、「大学または専門学校で学んだ」「文法書から学んだ」「学校以外で個人的に教わった」「ネットで調べた」「その他のメディアで学んだ」という選択肢のなかからひとつ選んでもらいました。

大学または 専門学校で 学んだ	文法書を読んで 学んだ	学校以外で 個人的に 教わった	ネットで調べた	その他の メディアで 学んだ
9	1			

表5

「大学または専門学校で学んだ」が圧倒的多数でした。

2. また、日本語文法に関して難しいと感じた、あるいは今でも難しいと感じる点についても聞きました。

【具体例28】「てにをは」の使い方。

【具体例29】 たとえば、「は」と「が」の自然な使い分けが難しいです。

【具体例30】 自動詞と他動詞、助詞（特に「は」と「が」の使い分け）。

【具体例31】 格助詞の使い方。

【具体例32】 動詞の語尾変化。

【具体例33】 様々なシーンに一番合う敬語の使い方。

【具体例34】 日本語の文章は修飾語が長いので、中国語に訳すとき、いつも苦労しています。

【具体例35】 主語がはっきりしないところ。

【具体例36】 文法というより構文になりますが、述語が最後に来るため最後まで聞かないと意味が判明しないときがあること。

常々、日本語学習者から、助詞の使い方が難しいという声を聞きますが、ベテラン通訳者においても4名の方から同様の指摘がありました。

ただし、ここで被験者が「難しい」と回答したからといって、通訳場面でうまく運用できていないのかというと、少々、事情が違います。むしろ、文法について、これらに特に注意を払ってきたと解釈すべきでしょう。

Ⅶ　スピーキング力の向上について

　1.　日本語のスピーキング力向上のために効果的と思われるものについて、「日本人の友人・知人との会話」「文章の朗読」「ニュース記事から表現を取り入れる」「テレビ番組などから会話表現を取り入れる」「小説などの書籍から会話文を取り入れる」「日本語で執筆し、それらを取り入れる」「その他」のなかから優先度をつけて3つ選んでもらいました。

項目／順位	日本人の友人・知人との会話	文章の朗読	ニュース記事から表現を取り入れる	テレビ番組などから会話表現を取り入れる	小説などの書籍から会話文を取り入れる	日本語で執筆し、それらを取り入れる	その他
1位	**6**	3		1			
2位	1	3	3	1	1		1
3位	1	2		4	1	2	

表6

　結果、「日本人の友人・知人との会話」が最も効果的と答えた人が6名で最多となりました。

　自分が話したいことを気心の知れた人々と主体的に話すというのは、語学スキルを伸ばす有効な手段のひとつです。今回の被験者のなかにも、日本人と国際結婚をした方が数名おられ、配偶者から日本語を教えてもらう、特に運用上の誤りを訂正してもらった経験のある方が少なからずいるでしょう。

　2.　その他のスピーキング力向上のために採用した手段について、自由に記入をお願いしました。

【具体例37】スピーチの練習。特に即興スピーチ。
【具体例38】日本語の文章の暗記。ロールプレイによる練習。

【具体例39】通訳場面を想像しながらスピーキング練習をすることです。イメージトレーニングに似たような練習法です。

【具体例40】できるだけ多くの良文に触れて、それを真似て作文練習しました。

Ⅷ　有効な通訳基礎訓練法について

　基礎的な通訳訓練法について、順位付けしてもらいました。「クイックレスポンス」「シャドーイング」「リプロダクション」「パラフレージング」「その他」から優先度を付けて3つから4つ選んでもらいました。

項目／順位	クイックレスポンス	シャドーイング	リプロダクション	パラフレージング	その他
1位	**4**	3	2	1	
2位	3	2	5		
3位	1	4	3	2	
4位	1	1		7	
5位					1

表7

　第1位で最も多かったのがクイックレスポンスです。単語を聞いたらそれを即座に通訳対象言語に訳していく、通訳訓練でよく見られる手法です。日中両言語の語彙の蓄積量と反応の素早さが問われます。

　第2位のなかでは、5名がリプロダクションの重要性を挙げています。一定の長さの文章を聞き、それを記憶し、自分で発声して再現するトレーニングです。

　7名が第4位に付けたパラフレージングとは、同じ意味の文章を異なる単語や構文を使って言い換えるトレーニングです。

　シャドーイングも多くの被験者が有用性を認めています。日本語あるいは

中国語の音声を聞きながら、その音声を即座にリピートする訓練法です。

　なお、1名の被験者からサイトトランスレーションの有効性についても言及がありました。サイトトランスレーションは通訳訓練法のなかで欠かせない手段のひとつです。ただし、リスニング力や語彙力、文脈理解力が相応に身に付いてきてから導入すると効果的な方法です。

IX　失敗談について

　1.　普段はなかなか聞くことのできない失敗談について話をうかがったところ、多くの被験者から積極的なご回答をいただきました。

【具体例41】　徹夜で準備したものの、通訳ブースに入ったら身体が固まり、一言も声を出せませんでした。

【具体例42】　日本語出しにプレッシャーを感じ、声のトーンが高くなってしまいました。

【具体例43】　通訳を始めて間もない頃、緊張のあまり、「ヘリコバクター」を「ヘリコプター」と言ってしまい、爆笑されました。

【具体例44】　失敗談は数えきれないほどあります。イントネーションで相手に伝わらなかったり、語彙の間違いで意思疎通ができなかったりしたことが多々ありました。たとえば、「いりょう」と言ったのに、イントネーションのせいで「医療」の意味が伝わらなかったり、「たしか」と言うつもりが、「たしかに」と言ったりしたことなど。

【具体例45】　アクセントのミスによる誤解が多々ありました。日本語を丁寧にしようとして、逆におかしな敬語の使い方になってしまったことなど。

【具体例46】　日本人との会話で、発音や表現のミスをして、意味を間違って

取られてしまった。

【具体例47】専門知識の不備からうまく訳せなかったことがあります。

【具体例48】専門性の高い案件で、スピーカーの話が理解できず、通訳がちんぷんかんぷんになり、通訳として役割を全うできなかったこと。

【具体例49】正直に訳したら、双方に角が立つことになってしまいました。

　精神的プレッシャーから発音、専門用語の問題まで、アウトプットを中心とした回答が多く見られました。クライアントに称賛されたなどの成功事例よりも、コミュニケーションに齟齬が生じたり、クレームが入ってしまったなどの失敗経験の方がずっと鮮明に記憶に残るものです。

　また、具体例49のように、必ずしも通訳者の責めに帰さない「失敗」事例もありました。これも記憶にしっかり残るような事例であり、対策が取りにくい事例でもあります。

　2.「その失敗を経験した後、どのような改善策を取りましたか？」という質問に関しては、次のような回答がありました。

【具体例50】日本人の表現方法をよく聞き、日本人の気持ちになってその深層心理を理解するように努力しました。

【具体例51】一回失敗したら絶対忘れないので、その語彙や発音は二度と間違えないように日々注意しています。

【具体例52】普段から正しい発音、アクセントを覚えるように心がけています。一旦、間違った覚え方をしてしまうと大変なので。

【具体例53】聞き取りは単に言葉を追うのではなく、その場のシチュエーション、話の流れに沿っていくことが大事だと悟り、心がけるようになりました。話がおかしいなあと思ったら確認するようになりました。

【具体例54】無理をせず、使い慣れた表現を使い、徐々に理想的な日本語表現に近づけるように努力してきました。

【具体例55】他の同業者の訳を聞いて、より柔らかく、ワンクッションを入れるような訳を心がけています。

【具体例56】専門用語の対訳を調べるだけにとどまらず、全体の文脈の理解に努めること。

【具体例57】専門用語の訳語を学ぶことと、たとえ専門用語がわからなくても、自分が知っている範囲の用語で説明できるよう知識を身に付けること。

【具体例58】まず、どうして失敗したのかを反省し、滑りやすいところは補強するようにしました。

【具体例59】ミスを恐れずよくしゃべること、また自分のミスに気付くようにすることも大切。

3.「ベテラン会議通訳者として、なおも課題があるとすればなんですか?」という突っ込んだ質問もしてみました。この質問にも被験者全員が回答し、人によっては複数の回答がありました。

【具体例60】ネイティブ並みに発音ができないこと。

【具体例61】一部の音の発音。特に「ねん」は、中国語の「nian」のような発音にいつもなってしまう。

【具体例62】語彙力、表現力不足。

【具体例63】旬の言葉を新鮮なうちに習得すること。

【具体例64】長い連体修飾語を持ったタマネギ構造の日本語の文を、どのように自然でわかりやすい中国語にするか。

【具体例65】専門性の高い通訳案件は背景知識の勉強が重要で、苦労が多い。

【具体例66】日本語訳をするときの文の結び方。

【具体例67】憶測と経験で訳してしまうこと。

【具体例68】 実質的な意味が乏しい、上辺だけを飾るような中国語を、どう引き算して簡潔でわかりやすい日本語にするか。

【具体例69】 元の中国語の表現や話し方の雰囲気にぴったりの日本語表現と雰囲気にすること。

【具体例70】 時にはそのまま訳すと幼稚な中国語になりがちな日本語を、どう足し算して格調のある中国語にするか。

【具体例71】 日本人の曖昧な表現、つまり行間を読んで通訳すること。

【具体例72】 複雑な事象をごく自然な表現を使って、相手にわかりやすく伝えることです。

【具体例73】 品のある日本語が自然に使えること。

【具体例74】 中国語の原文にとらわれない自然な日本語の表現が難しいです。

【具体例75】 直訳せずに自然な日本語に訳すことは永遠の課題です。

【具体例76】 フラットな日本語、つまり抑揚の弱い日本語が話せるようになるのも永遠の課題です。

【具体例77】 言葉を磨く作業にゴールはないので、常に課題を抱えながら仕事しています。

　ベテラン通訳者といえども、発音から語彙、文法、表現、自然な日本語の習得まで、現状に不満を抱き、常に課題意識を持っていることが見て取れます。日本語の運用能力向上への道に終わりなしであり、これもトップランクの通訳者であり続けるために不可欠な姿勢です。

おわりに

　今回、10名の被験者への質問を通して、それぞれの方の日本語運用能力に対する問題意識の高さと日本語らしい日本語の習得への貪欲な追求姿勢について認識を新たにすることができました。
　日本語と中国語は同じ漢字を使い、同型同義語も少なくなく、よく「同文

同種」という言い方をされてきました。しかし、被験者の回答からも、両言語が発音、文法、語彙、そして、言語習慣などにおいても全く異なるものであるということがよくわかります。

　また、彼らがこれまでに直面してきた日本語運用に関する課題とその解決策の多くは、日本語学習者や今後、通訳者を志す人々にとっても有益なものといえます。

　今回、被験者として回答にご快諾いただいた10名の会議通訳者の今後の益々のご活躍と、その後に続く「新世代の言語と文化の達人」の出現と成長を祈るばかりです。

注

（1）　たとえば、"说曹操曹操到"（噂をすれば影がさす）、"百闻不如一见"（百聞は一見に如かず）、"失败是成功之母"（失敗は成功の母）、"不入虎穴，焉得虎子"（虎穴に入らずんば虎子を得ず）など。

参考文献

猪浦道夫『語学で身を立てる』集英社新書、2003年、22、24頁
白井恭弘『英語教師のための第二言語習得論入門（改訂版）』大修館書店、2023年
竹内理『より良い外国語学習法を求めて』松柏社、2010年、109頁
通訳・翻訳ジャーナル編集部・一般社団法人日本会議通訳者協会（JACI）編『通訳の仕事 始め方・続け方』イカロス出版、2021年
通訳・翻訳ジャーナル編集部『通訳翻訳ジャーナル──「日本語力」徹底強化！』イカロス出版、2021年、33頁
中川浩一『総理通訳の外国語勉強法』講談社現代新書、2020年
マシュー・レイノルズ著、秋草俊一郎訳『翻訳──訳すことのストラテジー』白水社、2019年
松森晶子・新田哲夫・木部暢子・中井幸比古編著『日本語アクセント入門』三省堂、2012年

第4章

過去から現在、そして未来へ

中国を学ぶための合理的な方法
——孟子と荀子、陸九淵と朱熹を手がかりに

中嶋　諒

はじめに

　中国戦国時代の思想家である孟子（前372～前289）は、儒教の創始者とされる孔子とともに、儒教史上の重要人物として、古来尊ばれてきました。その言動は、『孟子』という書物にまとめられ、孔子の言行録である『論語』とともに、現代でもよく読まれています。後ほど取りあげる「性善説」ということばは、『孟子』に由来するものですが、読者のみなさんも一度は耳にしたことがあるのではないでしょうか。

　さてこの『孟子』という書物ですが、実のところ、孟子が生きた当時から注目されてきたわけではありません。儒教では、最も基本的であり、また重要である経典を「経書」と名づけて尊びますが、最終的には13の書物が「経書」と見なされることとなりました（これを『十三経』と呼びます）。そして『孟子』がこの「経書」の中に組み込まれたのは、『十三経』の中では最も遅く、孟子の死後、千数百年も経った宋の時代であるといわれています[(1)]。

　ところで宋の時代は、朱熹（1130～1200）という有名な思想家が登場した時代です。朱熹は朱子学という体系的な学問をうちたてて、日本でも主に江戸時代以降、盛んに研究されてきました。この朱熹の代表的な著作として、『四書集注』という書物があげられますが、ここでいう「四書」とは、『論語』と『孟子』、それから『礼記』という経書の一部分である「大学」篇と「中庸」篇を指します。このことからも、朱子学の中で『孟子』が重視されていたことがうかがえます。

　その一方で、朱熹以上に『孟子』を重視していたのが、陸九淵（1139～

1192）という人物です。陸九淵は、朱熹と同じ時代に生きた思想家で、朱熹とたびたび論争を繰り広げたことで有名です。またのちに陽明学をひらいた王守仁（1472〜1528、一般には「王陽明」と称されます）から注目されたことでも知られています。

　この論文では、まずは陸九淵その人の思想と、陸九淵が重視した孟子の思想を比較しながら考察していきます。またあわせて孟子の思想に反対した荀子（前298？〜前238？）、陸九淵の思想に反対した朱熹の思想についても、取りあげてみたいと思います。

I　陸九淵の思想について

　はじめに陸九淵の思想について、簡単に見ておきましょう。そこでまず取りあげておきたいのが、以下にあげた文章です。[2]

陸九淵（『三才図会』より）

　　人の心はこの上なく霊妙で、
　　この理はこの上なく精明です。
　　人は誰しもこの心を持ち、心に
　　は必ずこの理（正しいはたらき）
　　が備わっています。
　　（『象山全集』巻22、「雑説」13）

　ここで陸九淵は、人は誰しもすばらしい心を持っており、このすばらしい心には必ず「理」が備わっていると述べています。「理」というの

は、なじみのないことばかもしれませんが、ここでは心の正しいはたらきといった意味で解釈しました。つまり陸九淵は、私たちの心は正しくはたらくものであり、だからこそ人の心は霊妙で、すばらしいと主張したわけです。

また陸九淵は、別の箇所で、次のようなことばを残しています。

　　何千何万年も前に聖人があらわれたとしても、この心（とそこに備わる）理は（私たちの心や理と）同じです。何千何万年も後に聖人があらわれたとしても、この心（とそこに備わる）理は（私たちの心や理と）同じです。遥かに離れた東西南北の国々に聖人があらわれたとしても、この心（とそこに備わる）理は（私たちの心や理と）同じです。

（『象山全集』巻22、「雑説」11）

儒教において「聖人」とは、古代のすぐれた為政者であった堯や舜、またすぐれた教育者であった孔子などがあげられます。それからここでは遥かな未来や、遠く離れた国々に、ふたたび聖人があらわれることも想定されています。私たちの心は、このような聖人たちの心と同じようにすばらしいものだというのです。

けれども陸九淵は、私たちを必ずしも聖人と同じものだと考えていたわけではありません。このことは、以下の陸九淵のことばを見れば、明らかです。

　　聖人が行うことについて、そもそも私たち常人は、すべてを行うことはできませんが、また行うこともあります。聖人が行わないことについて、そもそも私たち常人は、すべてを行わないことはできませんが、また行わないこともあります。聖人が行うことを行い、聖人が行わないことを行わないという点に注目すると、我たち常人はみな、天地の中にあって、霊妙な心に根ざして、滅ぼすことができないほど（にすばらしいもの）なのです。

（『象山全集』巻21、「論語説」）

このように陸九淵は、私たちを常人（どこにでもいる人）と見なして、完全無欠な聖人とは一線を画する存在だと位置づけました。しかし私たち常人も、ときに聖人と同じように正しい行動を取ることもあり、また正しくない行動をさし控えることもあるのです。当たり前だといってしまえばそれまでですが、陸九淵は、人間はよいこともするし、悪いこともするものだと考えました。そしてその前者、つまり人はよいことをするときもあるという点に注目し、そこから人は誰しもすばらしい心を持っていると結論づけたのです。要するに陸九淵は、善悪をあわせ持つ人間の、善の側面に着目した思想家であったということができるでしょう。

II　孟子の「性善説」について

　さて以上で、陸九淵が人間の善の側面に着目したということを指摘してきました。けれどもすでにこのような発想は、古代の孟子の思想からも見出すことができます。陸九淵は、「先生の学問は、誰かから教わったものなのですか」という弟子からの質問に対して、「私は『孟子』を読むことで、（人から教わらずに）自分の力で習得したのだ」と答えています（『象山全集』巻35、「語録」下・338条）。まさに上記のような発想は、『孟子』から取り入れたものだといえるかもしれません。
　孟子は、いわゆる「性善説」をとなえた思想家として知られています。まずは孟子が、「性善」ということばを用いた箇所を確認してみましょう。

　　　人の性が善（性善）であることは、ちょうど水が低いところに向かって流れるようなものです。人の性は善でないことはなく、水は低いところに向かって流れないことはないのです。　　　　　　　　（『孟子』告子篇上）

「性」とは、人が生まれつき有している性質、すなわち本性のことをいい

ます。孟子はここで、水が必ず低いところに向かって流れるように、人も必ず生まれながらに善であると主張するのです。

ところで「性善説」ということばは、現代の日本語においても、ごく当たり前に用いられています。多くの場合、それは人間は根本的には善であり、悪事をなすことはないといった意味で用いられていると思われます。しかし孟子の主張は、それほど単純なものではありません。そのことが分かるのは、いわゆる「四端」説として有名な、以下の孟子のことばです。

　　人は誰しも他人の不幸を見過ごせない心を持っています。というのは、いまある人が、子どもが井戸に落ちそうなのを見たならば、誰しもはっと驚いて憐れみ傷ましいと思い、助けようとすることでしょう。子どもを助けようとするのは、子どもの両親に恩を着せようとしているからではありません。世間や友人から褒められようとしているからではありません。子どもを助けなかったという非難を受けたくないからではありません。

（『孟子』公孫丑篇上）

ここでは性善の具体的な内容が述べられています。井戸の周りで遊んでいて、いまにも落ちてしまいそうな子どもを見れば、誰もがかわいそうだと思って、助けようとすることでしょう。孟子は人間が生まれながらに善であるという根拠として、このたとえ話をあげているのです。

さて孟子は続けて、以下のように述べています。

　　以上のことから考えると、憐れみ傷ましいと思う心がない者は、人間ではありません。憐れみ傷ましいと思う心は、「仁」の端緒です。自らの不善を恥じて他人の不善を憎む心は、「義」の端緒です。遠慮して他人に譲る心は、「礼」の端緒です。善悪を判断する心は、「智」の端緒です。人にこの4つの端緒（四端）があるのは、ちょうど人に両手両足があるのと同じです。この4つの端緒があっても、自分は実行できないと

いう者は、自分自身を傷つける者です。君主は実行できないという者は、その君主を傷つける者です。自分に4つの端緒がある者は、誰でもそれを拡充する（拡大し充実させる）ことを悟るはずです。火が燃え始め、泉の水がわき出すのと同様です。もしもこれを拡充すれば、天下を安定させることができ、もしもこれを拡充しなければ、父母に奉仕することもできません。

（同前）

　ここでは「仁」「義」「礼」「智」という、儒教で大切にされる4つの徳目があげられていますが、これらがあらわれる端緒、すなわち糸口になるのが、例えば、井戸に落ちそうな子どもを見たときにわき上がる、憐れみ傷ましいと思う心といったものなのです。

　ただここで重要なのは、孟子は、この糸口を「拡充（拡大、充実）」させなければならないと語っていることです。つまりは井戸に落ちそうな子どもに対する憐れみの心だけでは不十分で、それを様々な場面に応用していかなければならないというわけです。

　例えば多くの人は、街を歩いているときに、車道にとび出し、いまにも事故に遭いそうな子どもを見れば、とっさに助けることができるかもしれません。けれども家屋を失い、飢えや寒さに苦しむ大人に対して、手をさしのべることはできるでしょうか。「何となく怖そう」などという先入観から、見て見ぬふりをして通り過ぎてしまうこともあるかもしれません。けれども孟子であれば、とっさに子どもを助けるように、路上で生活する大人に対しても、手をさしのべられるようにならなければならないというはずです。

　要するに孟子は、人は生まれつき善であるということを強調しますが、それはあくまで分かりやすい、実行しやすい場面でそうであるといっているに過ぎないのです。逆にいえば、私たち人間は、あらゆる場面で正しい行動が取れるわけではないということになります。だからこそ、井戸に落ちそうな子どもを助けるといった分かりやすい場面での正しい行動を「拡充（拡大、充実）」して、あらゆる場面において正しい行動を取れるようにしていかな

ければならないのです。

　これは陸九淵の「聖人が行うことについて、そもそも私たち常人は、すべてを行うことはできませんが、また行うこともあります」という人間観にも引き継がれているということができるでしょう。陸九淵のこのような発想は、やはり『孟子』から取り入れたといって間違いないだろうと思われます。

Ⅲ　荀子の立場

　さて続いて、孟子の死後に活躍し、その「性善説」を否定するとともに、自ら「性悪説」をとなえた荀子について考察してみましょう。まずは荀子が、「性悪」ということばを用いた箇所を確認します。

　　　人の性は悪（性悪）であり、善は「偽（人為的な努力）」によるものです。いま人の性には、生まれながらに利益をよろこぶ心があります。この心に従うことで、奪い合いが生じて、譲り合いの心がなくなるのです。生まれながらに憎悪する心があります。この心に従うことで、傷つけたり損なったりする心が生じて、まっすぐな真心がなくなるのです。生まれながらに耳や目でよいものを見聞きしたいという心があります。この心に従うことで、道にはずれた行いをしてしまい、社会の規範や秩序が崩れてしまうのです。
　　　　　　　　　　　　　　　　　　　　　　　　　　　　（『荀子』性悪篇）

　孟子は井戸に落ちそうな子どもを助けようとする気持ち、いわば良心こそが人の本性と考えて、それを善としました。一方で荀子は、利益をよろこぶ心や耳目をみたす心（すばらしい音楽を聴き、美しいものを見たいという気持ち）、いうなれば欲望こそが人の本性であると考えて、それを悪と見なすのです。孟子もまた、人間はあらゆる場面において、正しい行動を取れるとは考えていませんでしたが、荀子はむしろ、人間は欲望にまみれており、往々

にして正しい行動を取ることができないという点を強調したといえるでしょう。それではこのような欲望にまみれた人間は、どのようにすれば、正しい行動が取れるようになるのでしょうか。この問いに対して、荀子は「偽」が必要であるというのです。

　なお「偽」とは、偽物（にせもの）という意味ではなく、ここではにんべんのない「為」と同じで、「人為的な努力」といった意味になります。さてそれではこの「人為的な努力」とは、具体的には、いったいどのようなことを指すのでしょうか。それを解くカギが、『荀子』の冒頭、勧学篇にかかげられる、以下の荀子のことばです。

　　　学ぶことは、継続しなければなりません。青の染料は、藍の草から採取しますが、その色はもとの草よりも青いのです。氷は水から生まれますが、その冷たさはもとの水よりも冷たいのです。　　　（『荀子』勧学篇）

　この文章は、いわゆる「出藍の誉れ」という故事成語（「青は藍より出でて藍より青し」ともいい、弟子が師匠よりもすぐれていることをいうたとえ）の出典として知られていますが、ともかくここで荀子は、継続して学ぶことの重要性をとなえています。つまり人間は、十分に青みがあるとはいえない藍の草のようなもので、何もしなければ、見るにたえないものなのです。けれども藍の草を加工すれば、鮮やかな青色の染料となるように、人間も学び続けて、自身を鍛え上げることで、すばらしい人物となることができるのです。

　つまり荀子が「性悪説」をとなえた意図は、人の本性は悪であるということを強調す

藍の草

ることによって、「人為的な努力」、つまりは学ぶことの必要性を際立たせる
ためであったといえるでしょう。そしてこれは裏をかえせば、孟子のように
「性善説」をとなえて、人の本性が善であることを強調してしまっては、そ
のことに安心してしまい、学ぶことがおろそかになってしまうと恐れていた
のではないでしょうか。だからこそ荀子は、以下のように、孟子を名指しで
批判することになったのです。

　　　孟子は、「人が学ぶことができるのは、その性が善（性善）だからで
　　す」といっています。しかし私は次のように答えましょう。「そうでは
　　ありません。この説は人の性（が悪であること）を理解していません。
　　（悪である）人の性と、（その性を善へと変える）「偽（人為的な努力）」との
　　区別をつけられていないのです」。
　　　　　　　　　　　　　　　　　　　　　　　　（『荀子』性悪篇）

　もちろん孟子も、人が善であるのは、あくまで分かりやすい、実行しやす
い場面でそうであるといっているに過ぎず、あらゆる場面において、人が正
しい行動を取れるようになるために、「拡充（拡大、充実）」という努力を求
めていました。けれども人は、往々にして安きに流れるものなのです。生ま
れつき善であると耳にした者は、これ以上に努力することがなくなってしま
うかもしれません。だからこそ荀子は、人は生まれつき悪であるという、イ
ンパクトのある主張をうちだして、人々に学問という人為的な努力を、絶え
間なく行うように促したのではないでしょうか。⁽³⁾

Ⅳ　朱熹の立場

　最後に、陸九淵の論敵である朱熹の思想についても触れておきましょう。
この論文の冒頭でも述べましたが、たしかに朱熹は『孟子』を重視していま
した。けれども朱熹以上に『孟子』を重んじた陸九淵に対しては、朱熹はあ

たかも荀子のようなやり方で、陸九淵に批判を浴びせることになりました。⁽⁴⁾

ところで朱熹が生前、その弟子たちと語らい、議論したことばは、いま『朱子語類』という書物にまとめられています。そこでの話題は様々ですが、その中には、陸九淵について朱熹が語ったことばをまとめた箇所もあるのです。ここではそこから2つのことばを取りあげてみることとしましょう。

朱熹（『三才図会』より）

（陸九淵は）「人はものごとをたやすくこなすことができるのであって、ことさらに学んだり、鍛えたりする必要はない」といっているようですが、これはよろしくありません。（中略）もしも一瞬にして何もかも分かるのであれば、これほどすばらしいことはないでしょう。けれどもそれは、「生知安行（生まれながらに知り、安んじて行う）」の聖人でなければ、できるはずがありません。

（『朱子語類』巻124、「陸氏」13条）

ここではまず陸九淵が、人は何でもたやすくできるものであって、ことさらに学ぶ必要はないと述べているとされています。しかし朱熹は、何でもたやすくできるのは「生知安行」、すなわち生まれながらに何でも知っていて、たやすく何でも行える聖人でなければ不可能であると、陸九淵の考え方を否定するのです。

けれども先に見たとおり、陸九淵は決して私たち常人（どこにでもいる人）を、完全無欠な聖人と同じものと考えていたわけではありません。私たち常

人は、聖人のようによいことをするときもありますが、やはり聖人とは違って悪いこともするものだと見なしていたはずです。このことから、陸九淵のことばとして朱熹が引用している「人はものごとをたやすくこなすことができるのであって、ことさらに学んだり、鍛えたりする必要はない」という主張が、本当に陸九淵のものであるかは、きわめて疑わしいといわざるをえません。ただ少なくとも朱熹は、陸九淵を「ことさらに学ぶ必要はない」と説く者だと決めつけていたのでしょう。

また朱熹は、次のように述べています。

> 　陸九淵の学問は、胸の中にあふれる禅への思いを、どうすることもできずにいるのです。　　　　　　　　　　（『朱子語類』巻124、「陸氏」43条）

ここで朱熹は、陸九淵の学問には、禅への思いがあふれているといいます。「禅」とは禅宗のことであり、当時の中国において流行していた仏教の宗派の一つです。心静かに「坐禅」を組んで、悟りをひらこうとすることは、禅宗で尊ばれた修行の一つです。また一見無意味に聞こえる「禅問答」を繰り返すことで、悟りをひらこうとする修行も盛んに行われてきました。これらはあるいは瞑想を通じて、あるいは問答の中から、とっさのひらめきを導き出そうとするもので、これを仏教の用語では「頓悟（頓かに悟る）」といいます。

朱熹はこの禅宗の「頓悟」の考え方を、非常に嫌っていました。なぜなら「頓かに悟る」ことができるといってしまっては、地道に学んでいく意味が薄れてしまうからです。例えば試験問題は、勉強すれば勉強しただけ成果が出るからこそ、みな努力して学ぼうとするのです。もしもあることをひらめきさえすれば、すべてが解決するパズルのような試験問題であったならば、地道に学んでいく人はいなくなるでしょう。朱熹にとって禅宗は、地道な学びを軽んじるものだと考えられていたのです。

そして朱熹は、陸九淵の学問もまた禅宗であると決めつけました。これは

すなわち、陸九淵もまた、地道な学びを軽んじるものだと見なされていたということでしょう。陸九淵は、たしかに人は正しい行動を取ることもあるという点に注目し、そこから人は誰しもすばらしい心を持っていると結論づけました。もちろんその一方で、人は正しくない行動を取ることもあるとは認めているのですが、けれども前者を強調するあまりに、人はいつでも正しい行動を取れる、そうであるならばもはや何もする必要はないなどと、地道な努力を軽んじることになりかねないと朱熹は感じ取ったのではないでしょうか。それゆえに朱熹は陸九淵に上記のような批判を浴びせかけたのです。

　それはあたかも荀子が、孟子の「性善説」に対して感じた危うさと同様のものだといえるでしょう。荀子が孟子の「性善説」を否定して、人々に学問という努力を、絶え間なく行うように促したのと同じように、朱熹は陸九淵の思想を「禅」と決めつけ批判して、地道な学びの必要性を訴えたといえるのです。

おわりに

　さてこの論文では、まずは陸九淵が善悪をあわせ持つ人間の、善の側面に着目した思想家であったことを確認したうえで、このような発想が、すでに古代の孟子のとなえる「性善説」からも見出せることを指摘しました。

　また荀子がこの「性善説」に対して、「性悪説」をとなえた意図についても検討しました。荀子は人の本性は悪であると強調することで、「偽（人為的な努力）」、つまりは学ぶことの必要性を際立たせようとしたのです。人の本性が善であることを強調してしまっては、そのことに安心して、学ぶことがおろそかになってしまうと恐れて、孟子の「性善説」を否定したのだと結論づけました。

　さらに朱熹が、陸九淵を批判した意図についても検討しました。朱熹は、人は誰しもすばらしい心を持っているという陸九淵の思想から、そうであるならば、もはや何もする必要はないという発想があらわれかねないという危

険を感じていたのです。だからこそ陸九淵を批判して、地道な学びの必要性を訴えたのです。それはあたかも荀子が孟子を否定したようなやり方で、陸九淵を批判することとなったのです。

　このように考えると、孟子と陸九淵の思想の間に共通点が見出されるだけでなく、彼らを批判した荀子と朱熹の思想の間にも、共通点が見出せるということが分かります。陸九淵や朱熹が生きた時代は、孟子や荀子の時代から、千数百年も後になりますが、彼らの思想の枠組みには、いくらかの共通点が見出せるのです。

　もちろん朱熹もまた、『孟子』を尊重していました。陸九淵が没したとき、陸九淵を孟子のライバルであった告子になぞらえて、「残念なことに、告子が死んでしまった」と述べた（すなわち陸九淵ではなく、自分こそが孟子の立場にあると宣言した）ことは、有名なエピソードとして知られています（『朱子語類』巻124、「陸氏」48条）。このことからも、朱熹の批判の方法が、荀子のそれに似通っているなどとは、朱熹は決して認めることはないでしょう。

　けれども私たちが、孟子や荀子の考え方を手がかりに、その千数百年後に活躍した陸九淵や朱熹の思想を読み解き、理解しようとすることには、十分な意味が見出せるのではないでしょうか。このことはまた、陸九淵や朱熹の生きた時代から、さらに数百年の時を隔てた現代中国への理解を助ける可能性も秘めているかもしれません。

　そもそも中国文化は、膨大な古典によって支えられているものです。『十三経』と呼ばれる経典のほか、『二十四史』と称される歴史書の数々、また李白や杜甫といったすぐれた詩人たちの漢詩など、あげればきりがありません。これらの古典を、たんに古くさいもの、現代中国とは関係ないものと切り捨てることは簡単です。けれども孟子や荀子の思想が、その千数百年後に活躍した陸九淵や朱熹の思想を読み解くカギになったように、これらの古典を読み解くことが、あるいは現代中国を理解するカギとなることもありうるのではないでしょうか。中国の古典を学ぶことは、現代中国を理解するための近道であり、合理的な方法であるといえるかもしれません。

さらにいえば、もしも中国の古典を学ぶことが、現代中国を理解するための近道となるならば、現代中国を学ぶことが、未来の中国を予測するための合理的な方法になりうるとも考えられます。中国の過去を学ぶことは中国のいまを学ぶことにつながり、中国のいまを学ぶことは中国の未来、ひいては中国が牽引する国際未来社会を予測することにもつながるはずです。私たちが中国を学ぶ意味は、ここにこそあるのではないでしょうか。

注
（1）　『孟子』が経書に組み込まれた時期について、近藤正則は「所謂「朱子学」の定立との関わりで、『孟子』の升経を南宋の中頃のことと見るのが一般的である」としたうえで、「ただし筆者の管見によれば、宋儒の孟子表彰は、既に北宋の第3代皇帝真宗の時代にその兆しが認められ、以後の様々な議論の積み重ねを経て、『孟子』を経書として受容する思潮が形成されていったと考えるべきであろう」と指摘しています（『程伊川の『孟子』の受容と衍義』汲古書院、1996年、4頁）。
（2）　陸九淵の思想については、拙著『陸九淵と陳亮──朱熹論敵の思想研究』（早稲田大学出版部、2014年）などで詳しく論じたことがあります。
（3）　孟子の「性善説」と荀子の「性悪説」については、かなり専門的なものになりますが、栗田直躬『中国上代思想の研究』（岩波書店、1949年）所収の「性説の一考察」が必読です。また石原千秋監修『新潮ことばの扉　教科書で出会った古文・漢文一〇〇』（新潮文庫、新潮社、2017年）所収の「孟子」「荀子」（いずれも阿部光麿執筆箇所）は、「性善説」と「性悪説」について、分かりやすく解説したものです。さらに垣内景子『朱子学のおもてなし──より豊かな東洋哲学の世界へ』（ミネルヴァ書房、2021年）の、特に第8章「性──人はなぜ善（悪）をなしうるのか？」における「性善説」や「性悪説」を含めた、儒教の「性」をめぐる議論も参考になります。
（4）　朱熹は『孟子』を重視する一方で、同じく『孟子』を重んずる陸九淵に対しては、容赦なく批判を浴びせかけるなど、その態度には、いくらかのぶれがあるようにも感じられます。このような朱熹の態度をより深く理解するためには、朱熹以前の思想家たちの「性」にかんする議論も知らなければなりません。例えば『論語』陽貨篇には「上智の人と下愚の人は変ることがない」とありますが、前漢時代の学者である孔安国は、これを「下愚の人はどうやっても賢者にさせることはできません」（『論語集解』）と解釈します。つまり人間には下愚、すなわち救いようのない愚か者がいて、このような者は、

どう手を尽くしても賢者にさせることはできないというのです。その一方で朱熹は、「もしも善を目指して励んでいけば、変われないことはありません。どんな愚か者であったとしても、こつこつ磨きあげていけば進歩するのです。けれども自暴自棄な者は、進歩を拒んで信じようとしないし、行動しようともしません。こういう者は聖人と一緒にいたところで、変わることがないのです」（『論語集注』）といいます。すなわち誰であっても、よりよい自分に変わっていくことはできますが、その可能性を信じられずに、やけになっている者が下愚であり、そういう者には変わる手だてがないというのです。ここで朱熹は、自らの可能性を信じきることさえできれば、進歩のない者などいるはずはないと、孟子のいう「性善説」の立場にたっていることが分かります。しかし一方で、陸九淵のように、自らの可能性を過信して、地道な努力を軽んじる（と朱熹が決めつけていた）者に対しては、それに歯止めをかけるべく、あたかも荀子のような立場から批判することとなったのです。朱熹の態度のぶれは、人が生まれつき善であることを信じられずにいる者に対して訴えるか、あるいは過信する者に対して訴えるかによって、生じてくるものであったのだと思われます。

参考文献

垣内景子『朱子学入門』ミネルヴァ書房、2015年

垣内景子『朱子学のおもてなし──より豊かな東洋哲学の世界へ』ミネルヴァ書房、2021年

土田健次郎『儒教入門』東京大学出版会、2011年

中嶋諒『陸九淵と陳亮──朱熹論敵の思想研究』早稲田大学出版部、2014年

あとがき

　いま世界は、テレビや新聞といった旧来のメディアに加えて、インターネットやSNSなど、さまざまな情報にあふれています。このような情報化社会の中で、私たちは適切な情報をいかにして取捨選択していけばよいのでしょうか。

　本書では、この難問に答えるための手がかりを、中国という国に求めてみました。広大な国土と膨大な人口を抱える中国は、現代はもとより、はるか古代から、必ずや合理性をもって国家をまとめてきたはずだからです。ときにその合理性のために、切り捨てられてきたものもあるでしょう。しかしその是非も含めて、中国を学び、知ることは、私たちが合理性をもって生きていくためのヒントを与えてくれるのではないでしょうか。

　ここで本書の構成について触れておきます。

　第1章「中国における合理性とは何か」では、はじめに**髙田誠「中国における合理性と経済発展」**を置きました。髙田はまず「合理性」ということば自体を整理して、そこに目的合理性と手続き合理性という2つの観点があることを指摘しました。そして中国共産党による一党支配体制を敷く現代中国においては、目的合理性が強調される一方で、その目的に沿っている限りにおいては、比較的自由な活動環境が与えられていると結論づけました。髙田論文は経済を軸に、中国の合理性を論じたものではありますが、そこでなされた「合理性」の定義づけは、以下の諸論文を読み解く上でも参考になるものだと思われます。したがって、この髙田論文を巻頭に据えて、本書全体の指針としました。

　続く**河村昌子「武漢は新型コロナウイルスとどう遭遇したか──方方『武漢日記』を通してみる」**では、武漢出身の作家方方が、新型コロナウイルスによる武漢ロックダウンの際、リアルタイムにインターネット上で発信したブログ『武漢日記』を検討し、未曽有の危機に現れた不合理な状況を前に、

ひとりの作家がどのように振る舞い、合理性を回復しようとしたかを読み取ることを試みました。新型コロナウイルスは、多くの人々を死に追いやり、まさに社会の不合理を浮き彫りにしたといえますが、このような不合理から人間を救い出すところにこそ、文学が担う役割があるのではないでしょうか。

　以上、第1章の論考は、いずれも現代中国にかかわるものでしたが、続く第2章「歴史の中から合理性を探る」では、時代を遡って、歴史の中から中国に合理性を見出すことを試みました。

　まず**中嶋諒「医三世ならざれば、其の薬を服さず――経書の解釈における合理性」**では、古より尊ばれてきた儒家の経典、すなわち経書の中から、とりわけ『礼記』曲礼篇に見える「医三世ならざれば、其の薬を服さず」に着目し、歴史上、この一節にさまざまな合理的解釈がなされてきたことを論じました。このような経書に付された注釈は、中国のみならず、日本、韓国・朝鮮、ベトナムなどを含めた東アジアの先人たちの知の集積であり、これらを読み解くことは、彼らの思考をたどる壮大な旅であるとも主張しました。

　また**夏雨「清代女性天文学者王貞儀――真理を探究する女性の道」**は、中国清朝に活躍した女性の天文学者である王貞儀を取り上げて、世界的にもめずらしい前近代の女性科学者の合理的な思考方法について詳述しました。文字を読み書きすることすら、女性にとっては贅沢であった当時の中国社会において、王貞儀がいかにして科学研究に志し、天文学の分野で卓越した成果をおさめたのかを知ることは、現代においてもなお残存する男女格差の問題を解決する糸口を与えてくれることでしょう。

　さらに**小川唯「中国の教育近代化における外国モデルからみる合理性」**では、清代末期から民国期にかけて、中国が伝統的な儒教思想から抜け出し、教育の近代化を進めるにあたって、日本、アメリカ、ソ連が教育改革のモデルとされてきたことを指摘し、そのそれぞれについて詳しく論じました。そこには中国の教育改革者たちによる、彼らの目を通した合理的な取捨選択が見受けられますが、この影響はのちの中華人民共和国、すなわち現代中国の

教育からも窺えるのだといいます。

　第3章「語学、通訳の現場からみた合理性」では、ふたたび現代中国に立ち返り、語学、あるいは通訳という視点から、中国の合理性について考察することを試みました。

　まず**曹泰和「汎用化された"老师"の使用をめぐって──ことばからみる中国の変化と中国人の合理性」**では、"老师"ということばの歴史的変遷をたどりつつ、現在における"老师"ということばの使用状況を分析し、現代中国においては、「教える人」であれば教師であるか否かにかかわらず、"老师"と呼称してしまってよいという合理的な思考方法があることを主張しました。またこのような合理性は、意図的に求められたものとは限らず、社会生活の中で自然に生まれてくることもあるという結論は、合理性とは何かと考える上でも、大いに参考になることでしょう。

　また**神崎龍志「中国語ネイティブ会議通訳者の日本語運用能力について」**は、日本在住のフリーランスの中国語ネイティブ会議通訳者に焦点をあてて、その日本語運用能力向上のための合理的な取り組みを、豊富なアンケート結果から分析したものです。ベテラン通訳者といえども、常に課題意識を持って、さらなる言語運用能力の向上を目指し続けていることからは、結局のところ、たゆまぬ努力こそが、自らを磨くための最も合理的な方法だということが分かります。

　第4章「過去から現在、そして未来へ」では、悠久の歴史を持つ中国を、過去から現在、そして未来へと連続しているものとしてとらえたとき、研究手法として、どのような視座に立つことが合理的であるかを模索しました。

　最終章である**中嶋諒「中国を学ぶための合理的な方法──孟子と荀子、陸九淵と朱熹を手がかりに」**は、直接的には、中国古代に活躍した孟子と荀子、およびその千数百年後の宋代に活躍した朱熹と陸九淵の思想を分析したものです。けれどもこれら4人の思想家に、いくらかの共通点が見出せるこ

とから、数千年にわたる中国の歴史の中では、同じような思考の枠組みが、繰り返し用いられてきたのではないかとの仮説を立てました。またこの仮説が正しいならば、中国の古典を読むことが、現代中国を学ぶための合理的な方法になりうると指摘しました。そしてさらに、現代中国を学ぶことが、中国が牽引する国際未来社会を予測するための合理的な方法にもなりうるのではないかという見通しを述べて、本書の締めくくりとしました。

　以上が本書の構成です。このように本書に収録されている論考の研究領域はさまざまで、語学や文学、史学、哲学から経済学に至るまで、広範囲に及んでいることがお分かりいただけたかと思います。

　そもそも中国においては、古来、専門分野にとらわれず、幅広くものごとを学ぶことが求められてきました。例えば中国古代の孔子の言行録である『論語』には、「君子は器ならず」（為政篇）という有名なことばが残されています。君子（すぐれた人物）は、食事のときに用いる食器、戦いのときに用いる武器といった特定の用途にのみ役立つ器物のようであってはならず、何でもできるオールマイティーな素養を身につけなければならないというのです。また中国近世以降、貴族に代わって政治にたずさわった士大夫たちは、伝統的な儒学思想のみならず、詩文や書画をはじめとするさまざまな教養を身につけることが必要不可欠であるとされてきました。

　いま大学での研究活動はますます細分化され、ひとりの教員が、中国にかかわるすべての分野を網羅することは難しいといわざるをえません。けれども本書は、明海大学外国語学部中国語学科の専任教員7名による、それぞれの専門性を生かした論考をまとめることにより、幅広い研究成果を提供することができたように思われます。もちろんそれぞれの論考は、執筆者の興味関心によるところも大きく、本書をもって、悠久かつ広大な中国のすべてを網羅することなど、到底かなわないかもしれません。読者の皆さまに満足していただけるものに仕上がったかどうか、いささか心もとなくはありますが、本書を通して中国を知り、中国への理解を深め、そこに通底する「合理

性」について考えるきっかけとなることを願っています。

　なお出版にあたっては、東方書店の皆さま、とくに編集をご担当いただいたコンテンツ事業部の竹内昴平さんに大変お世話になりました。心よりお礼申し上げます。また本書は、明海大学より学術図書出版助成金の交付を受けたことを、最後に記しておきます。

2023年9月20日
編者

編者・執筆者紹介

河村昌子（かわむら しょうこ）　明海大学外国語学部中国語学科教授
お茶の水女子大学大学院人間文化研究科博士課程修了。博士（人文科学）。専門は中国近現代文学。著書に『巴金——その文学を貫くもの』（中国文庫）、訳書に盛可以著『子宮』（河出書房新社）など。

中嶋　諒（なかじま りょう）　明海大学外国語学部中国語学科講師
早稲田大学大学院文学研究科博士後期課程単位取得退学。博士（文学）。専門は中国近世思想。著書に『陸九淵と陳亮——朱熹論敵の思想研究』（早稲田大学出版部）、共著書に『宋元明士大夫と文化変容』（汲古書院）など。

執筆者一覧（掲載順）

髙田　誠（たかだ まこと）　明海大学外国語学部中国語学科教授
一橋大学大学院経済学研究科博士課程単位取得満期退学。修士（経済学）。専門は中国経済論、経済発展論。共著書に *Lewisian Turning Point in the Chinese Economy: Comparison with East Asian Countries,* Palgrave Macmillan など。

夏　　雨（シー ユー）　明海大学外国語学部中国語学科講師
東京大学大学院人文社会系研究科博士課程満期退学。博士（文学）。専門は中国明清時代の民間宗教。論文に「金祖の原型について――羅教の傳説を巡って」（『東方宗教』第 134 号）など。

小川　唯（おがわ ゆい）　明海大学外国語学部中国語学科准教授
東京大学大学院総合文化研究科博士課程単位取得満期退学。修士（学術）。専門は中国近現代史、教育史。共著書に『東アジアの秩序を考える――歴史・経済・言語』（春風社）、『アジア教育史学の開拓』（東洋書院）など。

曹　泰和（そう たいわ）　明海大学外国語学部中国語学科准教授
お茶の水女子大学大学院人間文化研究科博士課程修了。博士（人文科学）。専門は中国語学、日中言語対照。著書に『現代中国語の反語文・疑問文に関する研究――日中言語対照及び音声学の視点から』（白帝社）など。

神崎龍志（かんざき たつし）　明海大学外国語学部中国語学科教授
東京外国語大学外国語学部中国語学科卒業。文学士。専門は中国語通訳。共著書に『通訳者・通訳ガイドになるには』（ぺりかん社）など。

中国から考える合理性——中国を深く知るための8の論考

2024 年 1 月 31 日　初版第 1 刷発行

編著者●河村昌子・中嶋諒
発行者●間宮伸典
発行所●株式会社東方書店
　　　　東京都千代田区神田神保町 1-3　〒 101-0051
　　　　電話 (03) 3294-1001　営業電話 (03) 3937-0300
組　　版●三協美術
装　　幀●冨澤崇 (EBranch)
印刷・製本●平河工業社

※定価はカバーに表示してあります